THE ESSENCE OF
HOW TO LIVE LIFE
TO THE FULLEST,

AS CONVEYED BY 20 WOMEN ENTREPRENEURS WHO
CONTINUE TO TAKE ON CHALLENGES.

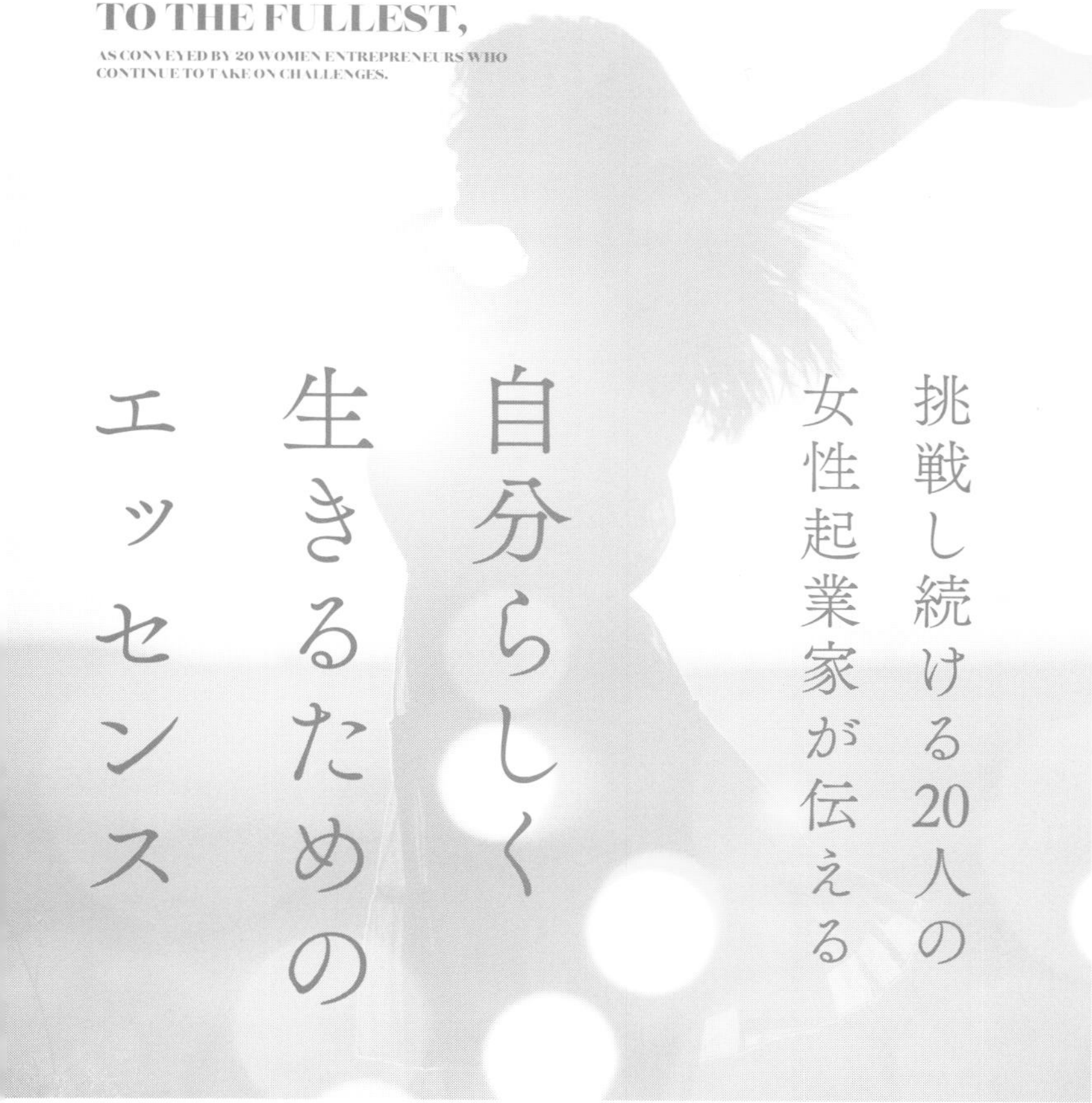

挑戦し続ける20人の
女性起業家が伝える

自分らしく生きるためのエッセンス

入山アキ子　内堀三紀代　エリー妃沙子　大倉昌子　奥田直美　片平真優美
来田麻美　小寺恵子　斎藤真千子　佐藤ゆかり　佐藤有喜　じんたともよ　神野寿栄美
長瀬みく　西田宏美　三荻祥　翠乃絵里子　山﨑亜紀子　吉田絢子　吉田真知子

Rashisa

挑戦し続ける20人の女性起業家が伝える

自分らしく生きるための エッセンス

「自分らしく生きる」とは？——はじめに——

たくさんある書籍の中から本書を手に取ってくださり、ありがとうございます。

あなたが本書を手に取られているということは次のようなことで悩んでおられるかもしれません。

- **挑戦したいことがあるけれど、なかなか一歩が踏み出せない。**
- **「自分らしく生きる」って具体的にどのように生きればいいのだろう。**
- **起業したいけれど、どのように行動すればいいかわからない。**

近年ＳＮＳが普及し、情報を得やすくなってはいますが、表面上のキレイな部分しか見えず、本質的な部分はなかなか見えないことがたくさんあります。

しかし、実際に大切な本質の部分は、表のキラキラした部分ではなく、見えづらい裏の泥臭い部分に眠っています。

本書では、今もなお挑戦し続ける20人の女性起業家に登場していただき、「自分らしく生きる」とはどのように生きることなのか、起業前や起業後の苦労した物語などを赤裸々に綴っていただいています。

彼女たちも過去はあなたと同じようにもがき苦しんでいた時期があるのです。そのもがき苦しんでいた時期からどのような考えで、一歩踏み出し行動していったのかを垣間見ることで、「自分らしく生きる」とは、どのように人生を歩むことなのかといった本質がわかるはずです。

では、まえがきはこれくらいにして、自分らしく生きるためのエッセンスを手に入れる旅へ出ましょう！

本書を読み終えた後、新しく生まれ変わっているあなたと出会えることを私たちは楽しみにしています。

Rashisa（ラシサ）出版編集部

Contents

挑戦し続ける20人の女性起業家が伝える

自分らしく生きるための エッセンス

『歌も看護も心から』
看護師から歌手へ転身！
信念を貫き
限界を超えながら挑み続ける歌の道

株式会社イリヤマプランニング 代表取締役
芸能プロダクション経営／歌手活動
入山アキ子

何度も断念しかけた
訪問看護ステーションの開業！
覚悟して一歩踏み出したからこそ
見えた新しい世界

株式会社和 代表取締役
訪問看護ステーション
内堀三紀代

自分を信じ
独自のビジネス展開！
専業主婦から
夜の街専門の不動産屋になるまでの
起業ストーリー

KEA不動産株式会社 代表取締役／pinktigerアミューズメント株式会社 代表取締役
事業用不動産仲介事業／レンタルダンススタジオ運営
エリー妃沙子

過去に起きた数々の辛い経験が
「今」に繋がる！
医療＆介護事業を通して目指す
私たちのビジョン

合同会社LOHAS KYOTO 代表
医療介護事業

大倉晶子

愛する仲間や家族を守るために
起業を決断！
地域密着型のパン宅配サービス
創業物語

株式会社オセル 代表取締役
業務用パン宅配サービス事業

奥田直美

第２子が難病を発症した経験から
立ち上げた児童福祉事業！
私たちが目指す
well-beingの世界

くるみドリーム株式会社 代表取締役
児童福祉事業
片平真優美

４坪から始まった
マツエクサロン経営！
自分を信じて新たなチャレンジを
し続けてきた道のり

株式会社New deal 代表取締役
まつ毛エクステサロン経営
来田麻美

フィットネス水着メーカーとして
オリジナルブランドを掲げて創業！
23年間諦めずに乗り越えてきた
試練の数々

株式会社リュウナ 代表取締役
株式会社免疫向上クラブ監査役／駅前健康ラドン浴サロンリュウナオーナー

小寺恵子

３度目の育休中に
オンライン起業！
10年かけて辿り着いた経験を
ビジネスに変えた起業物語

株式会社gift 代表取締役
起業コンサル養成講座・ママコミュニティ運営

斎藤真千子

36歳で働いたバニーガールから
全ては始まった！
好きなことを仕事にした
自分らしい生き方

株式会社ウィル・ユウ 代表取締役
飲食事業／キッチンカー事業／鳥グッズ事業

佐藤ゆかり

20代最後に覚悟を決め、
コロナ禍にも関わらず開業！
メディア取材が殺到した
「寿司ケーキ」誕生秘話

株式会社鬼喜 代表取締役
小料理バー・寿司ケーキ専門店運営

佐藤有喜

ボランティア活動から繋がったご縁で
実現したまちづくり事業！
人生の主役として生きるための
「幸せ」の見つけ方

一般社団法人Re 代表理事／株式会社Add Wall ディレクター
まちづくり事業

じんたともよ

美容室を開業したのも、
占い師になったのも
全ては挫折から始まった！
なりたい自分になるための
大切な考え方

株式会社Jinno 代表取締役
美容室経営／占い師

神野寿栄美

やりたかったイベントMC、不動産業など
たくさんの夢を叶えてきた
「夢ノート」の書き方

もも不動産合同会社 代表
不動産事業／ナレーター・タレント業
長瀬みく

「花屋を一生やろう」と
覚悟を決めた瞬間！
自分らしく生きるための
心の在り方

FLOWERSROOM
生花店経営
西田宏美

飽くなき好奇心が実現させた！
３人の子育てをしながら
皇室を研究する事業へ
辿り着いた道のり

一般社団法人日本令和研究所 理事長
皇室の研究・取材・執筆
三荻祥

８つ目の苗字を持つほどの
波乱万丈人生を送った
治療家が辿り着いた
「僧侶」という新しいフェーズ

Office ERIKO 代表
コンサルティング事業／浄土真宗尼僧
翠乃絵里子

日本初の障がい者支援と保護猫活動を
マッチングさせた福祉事業を実現！
アイデアを形にする思考法

Heartbeat株式会社 代表取締役
障がい者支援事業／保護猫活動
山﨑亜紀子

興味なく始めた高齢者福祉が天職に！
いくつもの壁を乗り換え、
障がい者福祉事業を立ち上げた
人生の旅路

合同会社縁家 代表社員
障がい者福祉事業
吉田絢子

ピアノ講師としての独立から
イベント企画・行政指定管理施設の運営まで
広がったチャンスを掴む秘訣

株式会社Dreamaway 代表取締役
イベント企画事業／行政指定管理施設の運営
吉田真知子

株式会社イリヤマプランニング 代表取締役
芸能プロダクション経営／歌手活動

入山アキ子

『歌も看護も心から』
看護師から
歌手へ転身！
信念を貫き
限界を超えながら
挑み続ける歌の道

Profile

1969年、山口県美祢市生まれ。高校卒業後、防衛医大看護学院に進学。防衛省技官、胸部外科主任、内科外来師長として13年間勤務。縁と運とタイミング、運命を感じ退路を断って歌の道へ。2017年ワクイ音楽事務所に所属と同時に株式会社イリヤマプランニングを立ち上げ現在に至る。施設訪問などボランティアも手がけながらの歌手活動。《歌う看護師》として挑戦は未だ続いている。

1日の
スケジュール

Morning

4:00 起床　ストレッ
4:30 SNSタイム　事務仕
9:00 自宅出発
10:30 会場入り
11:00 リハーサル　ヘアメイク・着付
13:00 オープニング舞台挨拶　楽屋待機
14:30 本番舞台
15:30 CD即売、サイン会　記念撮影
16:20 会場出発　車内にてラジオ聴取
18:30 帰宅
19:30 夕食
20:00 事務仕事、発送作業
22:30 SNS、YouTube、日記編集
23:00 お風呂
23:30 就寝

Night

憧れたアナウンサーは断念、看護の道へ

物心ついたときから音楽に囲まれた環境で育ちました。父も母も歌好きで、流行歌と呼ばれる曲をレコードでかけ、テレビは歌番組、車の中でも歌が流れる生活でした。一緒に聴いていた私も、知らず知らずのうちに両親が聴いていた曲を覚えたようで、今ではレパートリー曲になっています。

生まれ育ったのは大田聞波。所帯も二十数軒という、とにかくのどかで山、小川、畑、田んぼに囲まれたど田舎でした。保育所・小学校へは1時間に1本のバスで通いました。

母の希望で4歳からピアノを習いましたが、友達と遊ぶことのほうが楽しくて、練習もせずに次のレッスンへ行くという繰り返し。まったく上達しないまま今に至り、しまったあの時に……という残念な思いです。

そんなごくごく普通の暮らしが激変したのは昭和54年、小学校4年生の時でした。父がある日突然いなくなり、母と2つ下の弟と私の3人の生活に。生まれ育った聞波の家を離れ、借家を転々とする生活。生活は母一人にかかっており、貧しかったので電気をつけての勉強も禁止、お小遣いもなく、あるもので工夫して暮らす毎日でした。ケセラセラ魂は

この頃養われたのかもしれません。

中学では吹奏楽部でホルンを吹き、県コンクールで金賞をもらえたことは良い想い出です。高校は学区外の女子高へ進学。中学担任の先生が保証人になってくださったお陰で奨学金がいただけました。恩人です。

通学はバスで片道1時間半の道のり。バス乗車時間は本を読む絶好の機会でしたので、まったく苦ではありませんでした。学校では演劇部部長で舞台監督兼演者として高齢役、男性役を担当。小中学校、高校時代の友は、今でもコンサートの際、受付など手伝ってくれるありがたい存在です。女性バンドではボーカル担当、文化祭で唄ったのはヒットしていた六本木心中でした。後にこの曲を制作された松﨑澄夫さんと一緒に曲作りができるなんて思いもよりませんでした。

高校生活一番の想い出は、ＮＨＫ杯高校放送コンテストで2年連続東京全国大会に出場できたことです。当時ＮＨＫニュースを読まれていた男性アナウンサーに直々にレッスンいただいたことは光栄で幸運なことだったと思います。

《良い声をしている》と声を褒められアナウンサーを薦めていただきましたが、経済的な理由で大学に行くことは叶わず断念しました。骨折で入院時に憧れた看護師を目指そうと決心し、学費免除の防衛医大看護学院を受験。英語が大の苦手だったので多分落ちるな……と思っていましたら、運良く合格しました。

18歳で上京、全寮制の寮は4人部屋、学びながらお手当が頂けるというものの、月々手元に残るお金は6千円前後。ＳＡの野菜皮むき、お菓子工場でバイトしながら奨学金を返済し、無事に卒業できました。

多くの患者様との出会い、つらいお別れにも立ち会い、理不尽なことも多々ある中で、たくさんの経験を重ねることができました。大きな手術後の患者様が放たれる言葉。たくさんの管につながれ、ベッド上で安静を余儀なくされ「痛い」「苦しい」「眠れない」の声。

そんなとき気分転換になればと耳元でお好きな歌を口ずさみながら、当時の想い出をお聴きしたりしましたら、次の巡回時には入眠されていて、歌の力を感じることもしばしば。「歌う看護師」と呼ばれ始めたのもこの頃です。看護師としても人としても誰かの役に立つことは喜びであり、やりがいにつながります。思えば幼少期からのいろいろな経験は決して無駄ではなく、困難、逆境の中にあっても人生は自分で選択、決断することができます。前を向くことで、どんな人生も楽しむことができると学びました。

たとえどんな状況下でも希望を捨てずに、できることを探しながら自分の足で一歩一歩歩んでいきたい。幸せはなるものではなく、感じるもの……が今でも私の教訓です。

35歳の転身、退路を断って歌の道へ

看護師を続けていた27歳のとき、知人のすすめで初めて出場したのが全国歌の甲子園埼玉大会でした。この時たまたま優勝したことが歌の道を目指す第一歩、大きな転機となりました。全国大会は岡宏先生率いるクリアトーンズオーケストラの生バンド、テレビ東京系列の全国放映、と何もかもが衝撃でした。審査委員長の鈴木淳先生とは同じ山口県出身同士で、「山口県出身なの?」と舞台袖でお声かけいただいたご縁で、カラオケ指導者講習、直接の歌のレッスンを受けられることになりました。

看護師としては大学病院から豊岡第一病院へ移り、抗癌剤外来投与の患者様のために点滴室をつくりたいという防衛医大尾関医師のお手伝いをすることに。当時は半日病院勤務、午後はボイスレッスン・歌を教える教室も始めました。

看護と歌、好きなことができる充実した日々。訳ありの父も帰ってきて母と暮らすようになりホッとしたところ、平成15年7月7日、58歳で脳出血、右半身麻痺に。大ファンだったという村上幸子さんの全曲集CDは上京時に父から手渡されたものでしたが、入院中の父に聴かせようと再度山口県へ持参して聴かせていました。リハビリは続けていましたが

右半身麻痺があり、外出することも嫌がり、軽い鬱状態でした。

偶然か必然か、その1年後、池袋のプロダクション社長から「不如帰」を歌い継ぎませんかとのスカウトが。これは運命だ、と退路を断ってデビューすることを決心。当時、10人中10人が反対する中、不如帰は難しい歌だから章子に歌えるか？と心配しつつも喜びの表情を浮かべている父を見て決心しました。

２００４年10月６日、キングレコードより「不如帰」発売。思い描く歌手像とはほど遠く、後に自費出版という言葉もはじめて知ったくらいでよく続けてこられたと運と縁に感謝です。たまたま近くに住んでいらしたこともあり、生前の村上幸子さんのこと、業界のノウハウまで教えてくださったのが元クラウン芸能社長でした。

ありがたいことに鈴木先生の弟子としてレッスンを続けながら、不如帰に続き、鈴木淳先生と悠木圭子先生ご夫妻の作品「溺れ酒」を徳間ジャパンから２００７年４月４日に発売。１万枚売れれば状況が変わると言われ、買い取った５０００枚のＣＤを車に積み、埼玉県、山口県を中心に行ったり来たり車で移動しながら手売りする生活が始まりました。

この頃、事業をたたまれた酒井さんが司会兼マネージャーとして現場についてくださるようになりました。生バンドで唄えることが魅力だったキャバレー、デュエット曲をたくさん覚えた健康センター、野外の一般のお客様に喜んでいただけるように構成を考えたお祭りなど、勉強する機会をたくさん頂きました。

ご紹介いただいたカラオケ店では、たとえお客様がお一人でも唄いました。地道な活動でしたが、看護師、医師、カラオケ仲間、新たに歌を通じて知り合った皆様に支えていただけたことに感謝です。

歌で一人前になるにはヒット曲を！　目標目的をもって挑戦を続けることはやりがい、生きがいにもつながっていました。しかし現実は厳しく、看護師の時に蓄えた資金は「溺れ酒」制作費、活動費ですでに底をついていました。

そして、テレビなどメディアに出演する機会などほとんどなく、「売れない歌手」というレッテルはいつでもどこでもつきまとい、自身の力で剥がしたくてもはがせない大きな課題、弱みとなっていたことも事実です。そんな中でもいつかきっと、と根拠のない自信を持ち、希望を胸に抱きながら前だけを向いて、睡眠時間を削りながら唄い走り続けてきました。

もう駄目かも……そんな弱気な気持ちを振り払いながら、諦めなくて良かったと今、心からそう思います。諦めたらそこで終わりでしたから。

自分らしさと念願の再デビューから15年

テイチクレコードから2008年10月22日「ザンザ岬」発売。ザンザ岬は本来、鈴木先生の弟子の先輩、長谷川千恵さんが唄われていました。舞台で歌った際の皆様の反響があり、是非と懇願したところ、さまざまな方が動いてくださり、鈴木先生もレコード会社まで足を運んでくださり直談判、再デビューが実現しました。担当のディレクターも鈴木先生の門下生の先輩、近藤芳樹さんが担当くださり現在に至ります。

再デビューからは行く道を明確に見据えるようになりました。一緒に歩んできました後援会の皆様は親族同様。なんとか一緒に喜び合いたいと真剣に考えるようになり、やりたいと思うことをどんどん実行しました。デビュー以来続けていた施設訪問、地域作り・町おこしに、さらに積極的に関わろうと決めて活動しました。

生バンドのショーをお客様にお見せしたい。楽器を演奏し、仲間もある弟に相談。力試しでワンマンのコンサート、ディナーショーをふるさと山口県、地元の埼玉県で毎年開催しました。オリジナルバンドはZANZAバンドと名付け、有志のメンバーが毎年集結。ここでも人に恵まれて心強い音楽仲間となっています。演歌を専門に演奏していない皆様ですが、嫌がらず、楽しんで演奏いただけるのでお客様に大変好評です。弟は当初ホルンを吹いていましたが、いつしか指揮者バンマスとして取り仕切ってくれるようになりました。そして新曲を頂くたびに、動けるところはスケジュールを埋めながら、北は青森、南は長崎県へ車で移動。そんな矢先に頼りにしていた酒井マネージャーの膵臓癌が発覚、胃、肝臓、大腸に転移も見つかり、古巣の防衛医大病院にて大手術、予後半年と言われましたが4年半、最後までマネージャーとして尽力いただきましたことは今でも忘れることはできません。山口県では体調不良のマネージャーに代わり、専属で担当くださった藤井さんには山口県内の至る所にご挨拶にお連れいただき、今につながるたくさんの縁を残してくださいました。本職の業務のお忙しい中でのご尽力に感謝です。

人が財産、忘れてはならない恩人ばかりです。一人では何もできない、しかし誰かが始めなければ何も始まらない。思えば遠回りばかりの人生ですが、さまざまなことを経験することでいろいろな気づきがあり、本当にやりたいことを見つけることができました。「歌も看護も心から」心ある歌は1~2時間お話するよりも、たった3分で聴いてくださる方に伝わり、心に届く事があると気がついたからです。年齢・肩書きなどの垣根なく手をつなげる、だからこそ歌と看護の心を一緒にお届けしよう。それが私に与えられた使命だと思うようになっていました。

その後、酒井マネージャーも、藤井さんもともに66歳という若さでこの世を去られました。何も恩返しできなかったことは今でも心残りですが、旅立たれた皆様が残してくださった言葉と縁は今も私の支えになっています。

稚内市ふるさと大使を依頼されたことをきっかけに美祢市、和歌山市、山口県のふるさと大使を拝命しました。まだまだお役に立てることも少ないのですが、これもいつか……との思いで活動を続けております。

看護師免許をいかして、健康寿命をのばすこと・介護予防をテーマに健康講座の講演と歌唱を自治体とコラボして行っていました。東村山市恩多町、越生町、美祢市、下関市などで開催。異色と言われながらも自分らしい社会に役立つ活動がデビュー当初からの思いでしたので、目標を少しずつ実現できるようになっていきました。

ありがたかったのはご縁を頂いた皆様が恒に前向きで、さまざまな分野でご活躍なさっているにも関わらず、常に平常心でおごらず努力を重ねていらっしゃるお姿に刺激され、私もやるぞと奮起して歩いてこられました。どんなときも諦めないで！と皆様が背中を押し、手を引っ張ってくださり、前を向くことができました。年に一度新曲を発売し、キャンペーンにまわりながら知名度を上げていくという地道な活動は変わりませんでした。変わったのは車でなく、公共の交通機関を使用しながらの活動ができるようになったことです。当たり前が当たり前でないことを知っているため、本当にありがたく感じています。目指すところに到達するまでは諦めないこと、そして資金のない私にできること、努力とアイデアと実行力で、覚悟をきめて取り組んできたつもりです。成し遂げることは難しく結果もついてくるとは限りませんが、目標を達成するための準備と心意気、心構えは恒に意識して今でも活動しています。

運とタイミング、縁とつながりが宝物

頑張っても努力しても超えられないと感じたメディア進出の壁。迷いさまよっていた私を引っ張り上げてくださったのは業界の重鎮、和久井保社長でした。２０１３年のテイチク80周年イベントで、舞台裏まで会いに来てくださったことは今でも忘れられないエピソードです。テレビに出演することを喜んでくださったのは、全国各地で支えてくださった皆様でした。ＮＨＫホールで歌う際は、富山県、広島県、山口県、北海道、沖縄県、宮崎県、島根県、和歌山県、埼玉県、群馬県、新潟県などなど各地の応援隊の皆様が結集し、大声援を送ってくださいました。

両親は父の介護で思うように動けませんでしたが、全国に父や母のような皆様が、血のつながりなど関係なく応援し続けてくださいました。和久井社長からは歌手とは、プロダクションとは、マネージメントとは……恒に一緒の行動をとらせていただきながら勉強致しました。

突然のコロナ禍、今こうして唄い続けられたのは奇跡だと思います。人が財産、お金は後からついてくる……ケセラセラ魂もいつの間にか身についていました。時に理不尽な思

いに悩んだり、感情の行き違いからご縁が途絶えることもありましたが、来るものは拒まず、去る者は追わずの精神でやって行く以外ありません。くよくよ思い悩むことは何の解決にもなりません。新しいことに恒に挑戦するチャレンジ精神はエネルギーとなり、周囲の皆様にも元気を差し上げられるのではと思います。本気で歌手入山アキ子を生きることに専念し、覚悟を決めて進んでみます。

現在の歌の活動は、和久井社長の後を引き継いでくださった松崎澄夫さんが提案された「昭和歌謡オトコウタライブ」を昨年から年間50カ所目標に開催しています。松崎さんに「声が良い」とお褒めいただき、励みになっています。思えばアナウンサーにと勧められた17歳の時も声を褒められ、今につながっています。世界に一つの「声」で、皆様に癒やし、元気を届けられたら最高です。「歌も看護も心から」をモットーに、「歌う看護師」として皆様が健康に一歩近づけるような歌の活動を考え、実行します。

今、「元気に笑顔」を合い言葉に、有志の仲間が一緒にイベントを企画・運営・参加し盛り上げてくださっています。後援会事務局長の森澤孝さん（鋼船団代表）、ラジオスポンサー牧野正晃さん。私設応援隊長章光さんなど同性代の皆様のサポートも欠かせない原動力です。まだまだ課題も多くありますが、楽しみながら手をつないで心一つに歩んでいきたいです。

歌の世界に入るきっかけをくれた父が丁度この本の執筆中に不慮の事故で他界しました。そして最後の最後に父は、歌の力・奇跡を見せてくれました。その話は後日、どちらかで。

命は永遠ではないこと、どんなに願っても叶わぬ事があることも父が最後に教えてくれたのだと思います。かけがえのない人生、どなたの人生にも物語があります。自由な心でやりたいことを選択し、楽しみながら生きていきたいものです。ないものに執着せず、あるものを喜び、知恵を絞りながら、暗闇の中にあっても一筋の灯りを一緒に探しましょう。

明日こそ良い日になると心から思えたら、きっと今日も楽しくなるはず。皆様との出逢いに感謝して大切なひとときによりそい、ご一緒させていただけたら幸せです。

これからもたくさんの皆様との縁を紡いで、歌で元気と笑顔のキャッチボールを続けていきたいと思います。

Message

あなたへのメッセージ

どんな状況下でも希望を捨てずに、
できることを探しながら、
自分の足で一歩一歩歩んでいく。
幸せはなるものではなく、感じるもの。

入山アキ子さんへの
お問合わせはコチラ

株式会社和 代表取締役
訪問看護ステーション

内堀三紀代

何度も断念しかけた訪問看護ステーションの開業！覚悟して一歩踏み出したからこそ見えた新しい世界

Profile

1974年、愛知県生まれ、兵庫県姫路市育ち。民間病院で看護師として8年間勤務したのち、医療系派遣会社のコーディネーターとして企業に就職。結婚後、不育症で繰り返す流産を経験し、「命の尊さ」を改めて考える。支援教育看護介助員として学校勤務。離婚し、訪問看護ステーションの管理者に就任。2021年、「株式会社和」設立。翌年「訪問看護ステーション和」開業。ほめ育医療ジュニアコンサルタント、終末期ケア専門士、PPTO 認定トレーナーの資格を活かしながら、経営者・管理者・訪問看護師として日々奮闘。

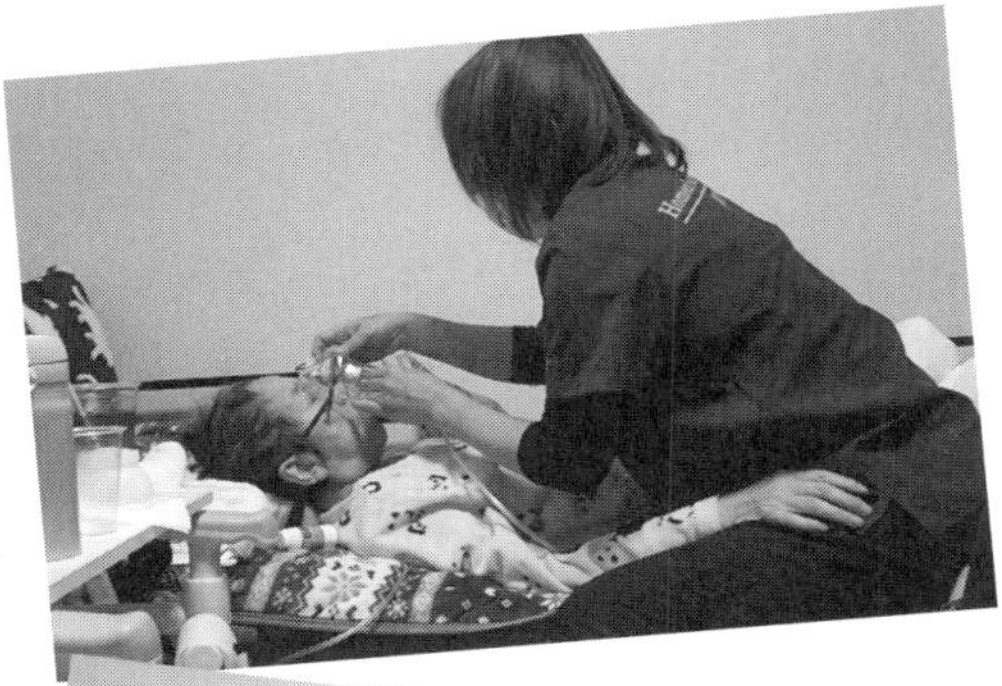

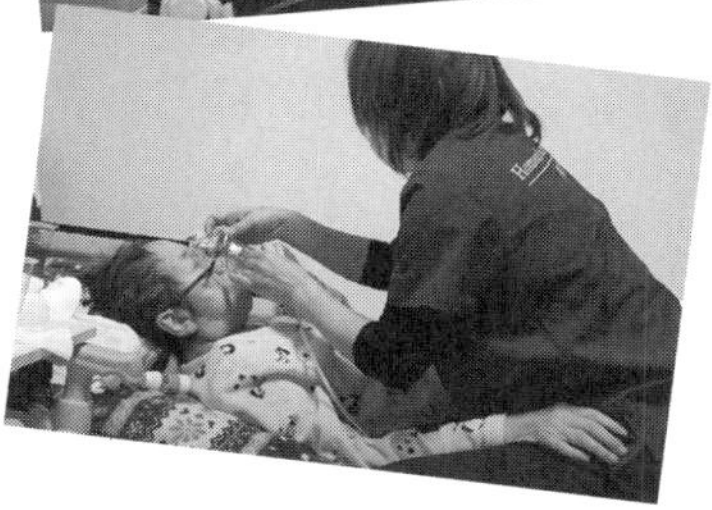

1日の
スケジュール

Morning

5:00 起床

7:30 事務所へ出勤

9:00 朝礼

9:30 訪問業務・事務作業

17:30 終業・緊急当番の日は待機開始

18:00 経営管理業務

20:30 帰宅

21:00 入浴・食事

22:00 就寝

（24時間対応のため緊急要請があれば出動）

Night

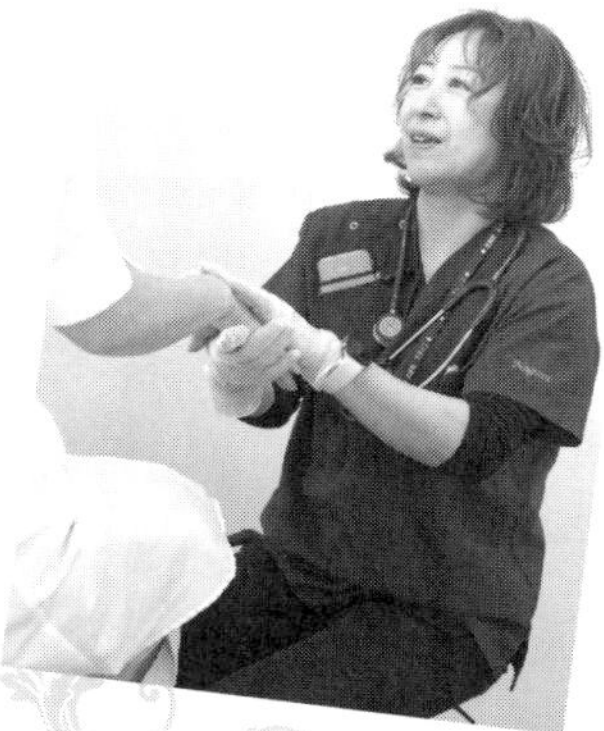

看護師になりたい

「将来は看護師になりたい」そう考え出したのは、確か小学生の頃だったと記憶しています。子供のころ、よく扁桃腺が腫れて高熱をだしていたこともあり、しょっちゅう病院に行っていました。キラキラした薬の瓶やガーゼカストを手際よく触りながら、笑顔で声をかけてもらうととても嬉しかったです。また、注射など処置を行う姿をみて「かっこいい」と憧れていました。

母から「手に職をつけられる看護師がいいのではないか」と言われたことも影響していたと思います。中学生になったころには看護学校に進学しようと決めていました。数学が苦手で看護学校の受験はだいぶ苦労しましたが、大阪にある府立の看護学校に無事合格し、看護師への第一歩を踏み出しました。

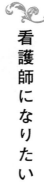

看護学校を卒業して、民間の病院に就職し、内科・ICUのある病棟に配属となり、看護師として、3交代勤務の生活がスタートしました。

3年目の研修で在宅医療に触れる機会がありました。当時はまだ在宅医療や訪問看護はそれほど多くなく、重症者は年単位での長期入院をする方がおられ、在宅へ帰る選択肢は多くはありませんでした。病棟経験しかなかった私は研修を通じ、退院して在宅で生活している元患者様の姿や表情に心を打たれました。「家で過ごすこと」について深く考える機会でした。家族やペットと共に「ようこそ」と笑顔で迎えてもらい、入院中とは全く違うその方の表情を見たときに「これが本来のお姿だったのだ」と気がつきました。入院中は闘病のため、治療に専念し、病院が病状を管理していきます。退院してから、服薬を続けながら自分らしく生活していくことが、本当の生きる姿だと感じました。その時に「将来は訪問看護師として働きたい」と考え、経験を重ねることを決めました。

中でも、地域の小学校で重度肢体不自由の子供たちと過ごした日々は、私の看護観を大きく変えてくれました。障がいがあっても諦めないこと、チャレンジする姿はまさに「地域で生活をする」ことそのものでした。児童たちと生き生きとした学校生活を共に過ごしたのち、訪問看護ステーションへの就職にチャレンジすることにしました。

念願の訪問看護師としてのスタートを切ってすぐ、管理者として異動の辞令をいただきました。訪問看護の仕事はやりがいはありましたが、チームを牽引していく中でチームビルディングやミドルマネジメントを行い、葛藤する日もありました。自分が貫きたい看護は何かを考え、自問自答していくなか、もっと自由にマネジメントができないかと欲が出てきたのは、管理者に就任して3年目に入ったころでした。スタッフの教育やモチベーション維持のため、面談や個別相談を受ける中で「制度で決まっているから」「チームとして逸脱できない自分」が少し窮屈だなと感じるタイミングもちらほらありましたが、雇用されて働く以上、会社の方針や理念を守ることはリーダーとして必要なことだと思っていました。「雇用される」いうことにおいてそれは必要なことであり、大きな訪問看護ステーションだったからこそ、「規則」があることで統率が取れていたのも事実です。

病気になると生活の質（ＱＯＬ）が低下します。病気や障がいがあっても生活の質を上げるために、アロマセラピーを使ったらどうだろう、対話やタッチングによるケアももっとゆっくり行いたい、ひたすら時間に追われながら行う訪問ではなく、もっといいケアを提供したい、利用者様に寄り添っていきたいと理想を求めるようになりました。

仕事をしながら自分が思い描く訪問看護ステーションを妄想することが増え、「24時間365日体制で、訪問看護師が疲弊せずに働き続けるために、管理者ができることはなんだろう」と自問自答を繰り返してきました。

訪問看護ステーションを立ち上げてみたいと両親に相談したところ、「やりたいならやったらいいい」と背中を押してもらい、高校受験を控えた娘にも相談したところ、「いいと思うよ」と言ってくれたこともあり、「やれるならやってみよう」と生きる方向性を「経営」へと舵をきりました。

当時は「本当にやれるのかな」という不安のほうが強かったです。不安の理由は、親類や家族に経営者がいなかったこともあり、「会社を経営する」ことが具体的にイメージできなかったのです。周りにいる経営の先輩に片っ端から話を聞くことから始めました。率直に「なんで開業したん？」と話を聞かせてもらいました。話を聞きながら、自分はどうしたいのかを真剣に考えました。離婚して一人だからこそ「安定」が欲しい、娘のことや両親のことを考えるとためらい、諦めようかと考えました。

最終的に決断したのは「わたしはわたしの人生をしっかり歩むこと」。後悔しない生き方を選択することにしました。

諦める理由はいくつでも見つかります。その言い訳を考える前に、訪問看護師として働きながら感じたことやジレンマを解消する術をイメージしました。

自分で会社を作らないと解決しないことがたくさんありました。一つ一つの問題点に対して逃げずにまっすぐ向き合って解決する方法を探っていくと、「自分が自由にプランニングできる人生」という結論にたどりついたのでした。

●夢は諦めずイメージし続けることで叶う

訪問看護ステーションを立ち上げよう！

開業しようと決めてから、半年後の退職までは目まぐるしく、仕事が終わってから開業の準備に追われる日々が始まりました。２０２２年1月にオープンに向けて準備をしていたので、一人娘の受験期と開業準備は同時進行でした。正直、母としては受験に向けたサポートは何もできませんでした。申し訳ない気持ちでいっぱいになることもありました。トラブルもあり、思ったように事が進まず、何度も開業をやめようかな、と思う瞬間がありました。

訪問看護ステーション立ち上げが難しいと考えていた理由の中に「人員確保」のハードルがありました。管理者として離職予防のために努力してきた経験が自分の中のブロックになっていたのです。「やっぱり開業はやめよう」と、退職取り下げを願い出る準備をはじめました。ただ、ここまで管理者として働き続けながら、オープン準備に使った時間や労力を思い出すと迷いが出てきました。ここでやめたらここまで培ったものがすべてゼロになります。それでも前進しようと気持ちを切り替えて、求人を出していたところに、面接にきてくれた看護師とマッチングし、採用が決まりました。次に、以前からの知り合いの看護師へ声をかけてみました。熱心に思いを伝えると、「訪問看護師に戻ろうかな、内堀さんがやるなら一緒にやってみたい」と一緒に働く決断をしてくれました。

訪問看護ステーションの認可申請を出すために必要な制度上の壁を越えることができ、これも運命だなと迷いが吹っ切れました。仲間ができたことは大きな力になりました。

自尊感情が低く、「わたしなんか」が口癖のマインドを変えるため、次の行動は「自分を認めること」に決めました。ずっと興味のあった「ほめ育」の医療ジュニアコンサルタントの資格を取るチャンスが巡ってきたので、受講を決めました。

ほめ育とは、人材育成においても人間関係においても「相手を尊重すること、自分を尊重すること」で認め合い、ほめる（認める）基盤を作ります。自分の物差しでなく、ものの見方をチェンジする、ポジティブなコミュニケーションや関係性を作っていくためのスキルです。自分の嫌な部分に対峙することもありましたが、変わるチャンスだと奮い立たせ、自分自身と向き合った時間があったから今があると思います。同時期に終末期ケア専門士の資格も取りました。今まで経験してきたことを資格に変えて、訪問看護ステーション経営の強みにしようと考えました。

その後も着々と開業の準備を進め、開業場所に選んだのは地元の小さな商店街でした。商店街からは箕面の山々が見え、近くにお弁当屋さんやスーパーなどもあり、利便性や、交通の便も良く、スタッフも働きやすいと思いました。内覧してみると和室もあり、事務室も広く、間取りも使いやすくて素敵！と、即決しました。

オープンまでの半月はステーションの整備や宣伝、事務作業であっという間に過ぎました。雇用される側から雇用する側に立場が急に変化したので、1月4日にスタッフが出勤してきたときにはまだ自分が社長である自覚はありませんでした。最初は何をどうしたらいいのかわからなかったので、とにかく今までやってきたことをそのままやってみようと走り出しましたが、会社の経営についてはわからないことだらけです。看護師一本で生きてきたので「経営とはなんぞや」から新たな経験値を増やす日々が始まりました。

会社の代表兼管理者兼プレイヤーの3足のわらじはどうにも慣れず、特にトップマネジメントについては気持ちが切り替えられない日々が続きました。

心がけたことは「雇用されていたころの気持ちを忘れない」「スタッフを一番に大切にすること」この二つ。しかし、24時間対応のステーションは休みがありません。管理者を兼任しているので現場も回さなくてはいけません。緊急要請もあり、予定が急に変わることも多々あります。夜間休日の対応をスタッフに負担をかけまいとこなしているうちに疲労が蓄積し、突然喘息を発症したのち、コロナ感染も経験しました。めまいで起きあがれない日がでるようになり、体調に変調がでてきました。

見かねたスタッフが「わたしたちも出られる日は休日もでます、日中の緊急は振ってください」「美容院に行きたいときは言ってくださいね、その時間もいりますよ」と提案をしてくれたことで、ようやく仕事を振り分けてお願いすることができるようになりました。経営者としてありがたいやら恥ずかしいやら複雑な心境でしたが、「守ろう」としていたスタッフから逆に守ってもらえたのは、感謝しかありません。もともと人を頼ることが苦手でしたが、一人で抱えられる業務量には限界があります。会社の成長の為にもと気持ちを切り替えて、気持ちよく仕事を担ってもらえる声のかけ方の工夫をしました。

これをきっかけに、みんなも仕事が回ってくることでぐんぐん成長しました。看護の質があがったのを感じました。新規依頼も大きく増えました。

周りを思いやっているつもりが、一人で抱え込んでスタッフの成長の場を奪っていたのかもしれない、そう気が付いたのはしばらく経ってからでした。「やりがいのある仕事をさせてくださってありがとうございます」とスタッフから言ってもらったときにはとても嬉しくなりました。今も日々、気づきをくれているのはスタッフのみんなです。困難を乗り越えるたびにチーム力が上がっていくのはすごいことだと思っています。

●人を頼る。一人じゃない、みんながいる

苦しみから救ってくれた新しい世界

看護師としてほぼブランクなしで28年間働き続ける中で、モチベーションが維持できない日々もたくさん経験してきました。結婚して女の子を一人授かりましたが、二人目の妊娠は心拍確認後に流産しました。その後、不妊症の治療を受けても着床卵の生育が悪く、流産を繰り返しました。3回以上続く流産は「不育症」と診断されます。

不育症治療は不妊症治療よりもハードルが高く、仕事をしながら、排卵誘発後、着床を確認したら入院して、点滴で妊娠を継続する治療を行います。まだ幼稚園だった娘が入院時に泣きながら「ママ！」と泣き叫ぶ姿が今でも脳裏をよぎります。その頃は常勤で訪問看護師は難しいと思っていましたので、パートとして仕事を続けていました。育児中に胸が痛む度に「看護師がよりよいライフワークバランスをとるために、幸せに生きるために、同じような痛みを抱えながら仕事をする人が少しでも減るようにできることはないのか」と考えていました。

不育症の治療は8回目の流産で双子が着床したものの、一人は卵管着床、もう一人は子宮内で発育することができず、大量出血で体内の3分の1の失血を経験しました。自分の体が限界でした。そして治療を断念する選択をしました。

その後、離婚したこともあり、常勤として訪問看護ステーションへ転職、常勤での仕事に就くことになりました。訪問看護をしながら決まった時間にお稽古事に通うことはなかなか難しいですが、何か自分が元気になれることを始めようと行動を起こしました。

もともとスポーツが好きだった私は、10年前からジムを探していました。自宅近くにキックボクシングジムがオープンし、迷わず入会しました。オープン直後でまだ会員は自分一人でしたが、ジムの先生にみっちりと少人数から教えていただけたので通うのが楽しかったです。

数回キックボクシングのクラスを経験した後、「ブラジリアン柔術」クラスの体験をしてみました。格闘技経験なしでいきなり柔術、最初は気恥ずかしさが先行し、「こんな年で格闘技なんて」と、また言い訳を始めた自分をいさめながら道着を買い、プロ格闘家のコーチとマンツーマンで指導を受けているうちに会員はどんどん増えていきました。

ジム仲間ができ、何も考えずにひたすら体を動かすことで、仕事で染まっていた頭の中がクリアリングされるのを感じました。ブラジリアン柔術は「体を使ったチェス」と称される競技でもあり、頭も体もフル回転です。最初は全く技術が覚えられなくてやめたいと考えた時期もありましたが、続けていくと体を動かす爽快感だけでなく、仲間がいて待ってくれている人がいることが心の癒やしになりました。

今では週に1回のペースで通い続けています。柔術という競技が仕事一色だった生活に彩りを与えてくれています。

つらい時期こそ柔術に通う時間を作ってきました。柔術を通して、性別や体格差は関係なく、立ち向かえば勝つこともできることを知りました。

そして、起業したことで視点が増え、さまざまな価値観を受容し、自分らしさを維持しながら生きていくことの重要さを感じました。

もうこんな年だしとか、この年でこんなことをしたら笑われるのではないか、他人の目を気にして柔術を始めることを諦めていたら、きっと新しい世界には出会っていなかったと思います。柔術着を最初に購入したときのドキドキわくわくした気持ちは今でも忘れられません。

●年齢にとらわれず、興味のあることはとりあえず始めてみたらいい。遅すぎることはない

わたしの人生はわたしが決める

リーダーらしいことは中学の部活のキャプテンだったくらいで、人の上に立つことには積極的ではありませんでした。こうして起業し、経営者の一人になることは想定外でした。持ち味は諦めずにやり遂げようとする気持ちが強いことです。起業してみて、その自分の力は経営者向きなんじゃないかと自信が持てました。

私には無理だと決めるのも、一歩踏み出してみるのも自分次第です。自分の価値観の枠組みを外して物事を見てみると、思ったより自分にできることが広がります。

ここまでの経験の中で、大きな影響をくれた重度肢体不自由の子どもたちの「生きる力」は、周囲の「できっこない」という価値観をどんどん変化させるのを目の当たりにしてきました。そのサポートについていたのは今の自信にもつながっています。諦めずに取り組んだ経験は大きな力になりました

25年越しにして「訪問看護師」になり、ここまで培ってきた経験を信じて、これからも自分らしく人生を歩んでいきます。

株式会社和の理念の一つに「パラダイムシフト」があります。自分の価値観の枠組みか

ら一歩踏み出す勇気を持ってみてください。

10年後にあのときやっておけば良かったと後悔するくらいなら、失敗したっていいと腹をくくる瞬間も必要です。チャンスには前髪しかないと言うように、ピンときたら、興味があったらまずはチャレンジすることが人生を変える第一歩です。一度きりの人生です。

在宅看取りで人生の最終章に立ち会う機会をたくさんいただいていますが、「やりたいことはすべてやってきたから後悔はないよ、今が一番幸せ」そういって旅だった利用者様の満足そうな表情をみて「わたしもそういう人生を歩めるようにしていこう」と心から思いながら日々看護にあたっています。

自分の限界を決めずに、勇気をもって一歩踏み出してみることで見える世界は変わり始めます。悲しみや苦労はバネになります。それを優しさや思いやりに変えてみてはいかがでしょうか。

経験してみないとわからないことはたくさんあります。

小さな一歩から踏み出してみませんか?

●人生の可能性は無限大　自分の持つ価値観の枠から脱出しよう!

Message

あなたへのメッセージ

自分の限界を決めずに、
勇気をもって
一歩踏み出してみることで
見える世界は変わり始める。

内堀三紀代さんへの
お問合わせはコチラ

KEA不動産株式会社 代表取締役／pinktigerアミューズメント株式会社 代表取締役
事業用不動産仲介事業／レンタルダンススタジオ運営

エリー妃沙子

自分を信じ
独自のビジネス展開！
専業主婦から
夜の街専門の不動産屋に
なるまでの起業ストーリー

Profile

大分県臼杵市出身。名古屋在住、三児の母。大学在学中にスカウトされ、関西ローカルでモデル・タレントとして活動。同時期に宅地建物取引士など多数の不動産資格を取得する。専業主婦歴10年を経て、事業用不動産仲介会社を設立。名古屋錦の夜の街専門不動産屋さんとして活動し、テレビ、YouTube などメディア出演も多数。現在はレンタルダンススタジオ運営、不動産セミナー講師、メイクアップレッスンなど活躍の場を広げている。

1日の
スケジュール

Morning

5:30　起床
・コーヒータイ
・英語レッスン

7:00　お弁当作り・メイク

9:00　パーソナルジム

10:00　出社・メールチェック

11:00　内見

12:45　打合せ件会食

14:00　物件現調・行政書士打合せ
（電気・ガス・水道のチェックや
看板取り付け位置・カラオケや
エアコンダクト、不要な設備の撤去など
店舗内のあらゆる調査をします）

16:00　休憩・お茶・子ども達にテレビ電話
・お手伝いさんと夕飯の打合せ

18:00　契約書作成

19:00　ドラムレッスン

20:30　お客さんの店に顔出し

22:00　帰宅・お風呂
・ストレッチ・SNS更新

23:30　就寝

Night

専業主婦から一転、夜の不動産業の世界へ

錦の不動産管理会社が宅建士を探している、という話が知人から伝わってきたのは、ちょうど3番目の子を出産して、1年が経とうとしていた頃でした。専業主婦になって10年。3人の育児に追われながらも、幼稚園や小学校の合間のママ友たちとのランチタイム、趣味のベリーダンスを楽しみ、適度に幸せな生活を送っていました。友人の話をきっかけに、まさか不動産業を本格的にやることになるとは、この時は夢にも思っていませんでした。

宅建士の資格を取得したのは、20代の頃、大分県臼杵市で不動産業を営む父に「生きていくうえで、宅建の資格を取っておいたほうが必ず人生の役に立つ。騙されたと思ってやってみたら」と、強く勧められたからでした。

大学卒業後は就職せず、モデルやローカルタレントのお仕事をしながら、遊んでばかりいる生活を送っていました。父から毎晩のようにかかってくる電話や母からのメール攻撃などから両親が心配しているのはわかっていましたし、同時にタレントのお仕事は年齢が上がっていくにつれてできないなとも感じていました。正直、自分には何もないような気

がして不安になっていました。

その頃、『キューティーブロンド』という映画が流行っていて、主人公エルの頑張る姿に刺激を受けていました。当時の私は外見だけを磨いている気がして、何者でもない自分が恥ずかしくて、エルのように勉強して中身を磨いてキラキラ輝きたいと強く思ったことを今でも覚えています。そんな時に父から資格取得の勧めがあり、「よしっ！頑張ってみよう」と一大決心。遊んでいた友達に、しばらく一緒に遊べないことを宣言して、宅建の勉強を始めたものの、聞いたことのない言葉の連続、法律用語なんてチンプンカンプンでした。

ある日、ハマるキッカケとなった出来事がありました。当時よく観ていた映画『ミナミの帝王』、その主人公の萬田銀次郎がよく言うセリフで「善意の第三者」という言葉があり、その言葉が民法で出てきた瞬間、「あ！　これミナミの帝王やん♪」と嬉しくなり、さも自分が主人公になった気分で授業を楽しめたのです。

ある時はエルになりきり、思い切りオシャレして勉強したり、ある時は萬田銀次郎になった気分で悪者を論破する姿を思い描きながら法律用語を暗記したりして、宅建勉強を楽しみました。そうすることで、宅建の模擬テストの点数があれよあれよという間にどんどん上がっていき、夏の試験の2か月前過ぎたあたりから、40点台をだすようになり、周りの勉強仲間達から、勉強方法や問題の解き方などを質問されることが多くなってきました。

その結果、勉強を始めてから最短で合格を勝ち取ることができたのです。おまけにマンション管理業務主任者という国家資格のダブル合格を手に入れることができました。

《いざ錦へ》宅建の資格は持っていましたが、知識はあっても経験はゼロ。おまけに、錦といえば名古屋では有名な歓楽街。そして、私が働くことになった地域は「錦三丁目」、名古屋最大級のナイトスポットで、たくさんの水商売が入っているソシアルビルが立ち並び、夜職の方々や有名企業の役員、大企業の社長さんたちが接待などに使う場所でした。まず、宅建士の講習を受けて再交付申請をし、（宅建試験の合格は永久なので、講習を受けて交付申請ができます）久しぶりに聞く法律用語や新しい制度の講習を受けて、主婦業からガラリと変わる環境に、大変ながらも新鮮で楽しめている自分に驚きでした。

現在の私は、ありがたいことに夜寝ている間にご紹介や問い合わせなどでラインやメールの件数がいっぱいになっているという状況です。ですが、一貫して変わらないのが、「いつも新鮮な気持ちで何事も楽しむ」ということです。宅建の勉強にしても、仕事をやり始めた時でも、不安な気持ちよりも「楽しむ気持ち」のほうが強く、いつも「自分ならできる」という思いで動いていたなぁと思います。

変化を恐れず、挑戦する勇気を持って

錦の管理会社で働き始めてからは、毎日が経験のない、聞いたことないことの連続でした。しかし、周りの先輩スタッフや管理会社に勤めている設備士さんが本当に優しくしてくれて、いろんな現場に連れて行ってくれました。先輩たちのおかげで現場を肌で感じることができ、今でも現場主義で必ず現地を訪れ、確認をする癖が身についています。

半年が過ぎたあたりで、テナントと貸主の温度差や自分なりの考えが出始めて「私が社長ならこういう風にやりたい」「どうしても自分でやってみたい」という思いが募り、管理会社の退社を決めました。それからすぐに独立のために動き始めました。

私が開業手続きをするにあたり、決めていたことは「錦での独立開業」でした。お客様がついてきた中での独立でしたし、もともとこのエリアしか知らないということもあり、事務所も迷うことなく、すぐに決まりました。会社で扱う物件も、賃貸なのか売買なのか、住居？　ビル？　などで仕事内容が大きく変わってくるため、自分がどういう風に不動産業を展開していきたいのか、ビジョンを持つことでその後の未来がみえてきます。

今年で起業して7年目ですが、少しずつ営業スタイルが変化していきました。一番大きく変わったことは、錦から出て他のエリアの仲介を始めたことです。そのきっかけを与えてくれたのは、夢の一つであった「ダンススタジオ経営」でした。

その頃の私は不動産業をしながら、主婦時代から続けている「ベリーダンス」に週1行くという生活を送っていました。レッスンで先生が使用していたのは、時間貸しで使用できる「レンタルスタジオ」。これなら副業としてできるのではないかと考え始めて、仕事や育児の合間に調べていました。不動産屋だけに物件情報がたくさん入ってくるため、駅近くのワンフロアの物件情報が耳に入り、すぐに物件の内見へ。立地や形状、集客のしやすさなど考え、物件交渉をして契約。スタジオをオープンしました。

スタジオを千種区という錦以外のエリアで開業したことで、池下や今池などのビルオーナーやそのエリアでテナントを探しているお客様と知り合うきっかけとなり、一気に不動産仲介をするエリアが広がりました。そして、このダンスレンタルスタジオ業を始めたことで、私の経営についての考えがガラリと変化したのです。

私の母は「お客様もそうだけど、お金に頭を下げて、えらくなるほど稲穂のように頭を垂れなさい」とよく言っていました。稲の穂は実るほどに穂先が低く下がるもので、人間も本当に偉くなればなるほど、謙虚な姿勢で人と接することが大切です。会社も大きくなるほど、謙虚な姿勢や態度が大事だと教えられました。

ダンススタジオを運営するようになってからは、特にその考えに共感するようになり、お金の価値はすべて一緒ですので、例え、100万円のお客様でも、1000円のお客様でも来ていただいたからには、すべての方に感謝していこうと思うようになりました。


変化を恐れないで、まずはやってみるということが大切だと思います。とはいえ、苦労した話は山ほどあります。わからないことを聞ける師匠という存在がいなかったので、不動産営業マンのやり方を見よう見まねで覚えたり、実務をやりながら覚えていきました。たくさん大家さんを知らないビルの方が多いので、手当たり次第に飛び込み営業をして、お話をして物件を紹介してもらうなど、とにかく扱える物件を増やし、お客様の条件に合うものを紹介するというシンプルなやり方を誠実に行うことを徹底しました。

その頑張りが実ったのがコロナ禍、地道に集めていた風俗物件が一気に動き始めた時です。錦は大きい企業の皆さまが接待で利用することが多かったため、飲食店が一斉に自粛になり、緊急事態宣言が出るもっと早い段階で街がストップしてしまいました。それに加え、それまで進めていた契約がすべてキャンセルになり、街のネオンも消え、華やかだった歓楽街が真っ暗になり、心身ともに本当に寂しく感じる毎日でした。

そんな沈んだ気持ちの時、電話でよく話を聞いてくれる両親から「名古屋のしかも錦という大都会で頑張っているんだから、もう何も言うことはないし、自分を信じればいい」と父から、母からは、「焦らず自分の道をいけば大丈夫」と励まされ、目が覚めたような気がして、「私なりの営業のやり方」で前からやりたいと思っていた風俗物件に特化した専門サイトを作ってみることにしました。

コロナの波で先の見えない中、変化を恐れずに自分を信じて進むことだけを考えてサイトを立ち上げました。日々の相談件数が1日1、2件から、5件、2か月経った頃には、10件以上に増えていきました。風俗物件と海外のお客様たちの問い合わせのおかげでコロナの影響はほとんどなく、むしろ業績は伸びました。また、レンタルスタジオの無人管理という密にならない運営スタイルが好評になり、貸しスタジオのコンサル業やメイクアップ講師の仕事もオンラインレッスンで全国のお客様から予約が入るようにもなりました。

自分のこだわりをもって、人の意見に流されずに営業スタイルを貫いたことで、「他で被る人いないよね」「唯一無二のスタイルだね」などと、よく言われます。ぶれずにやったからこそ、自信をもってお客様にも物件をご案内することができます。幼いころから、家が商店街の中にあり、お客さんや近所の人たちに囲まれて育ってきたので、商売の知識や営業スタイルを教えてくれた両親や環境に本当に感謝しています。

ストレスをためないコツは「自分らしさ」

人との出会いが多いことが、私の仕事の最大の魅力です。毎日いろんな業種のお客様やビルオーナー様、業者さんたちとの出会いがあります。私へ問い合わせをしていただくお客様は、今からお店を開きたいというモチベーションの高い方たちばかりで、向上意識が強く、変化を恐れない改革的な方が多いです。そのため、お話をしていても内容が豊富で飽きることなく、楽しい笑いが絶えない現場が多いです。

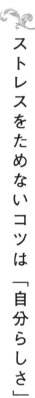

中には開業以外のことで悩まれている方や、審査が通るか不安を抱えていらっしゃるシングルマザー、風俗関係の方もいらっしゃいますので、「お客様の心に寄り添いながら聴く」ということを、錦のベテランのママさんや老舗のお店のオーナー達との出会いから学ばせていただきました。お客様のお話を邪魔せず、心を傾けながら、なおかつ自分を出していくという姿勢が自然にできている方が非常に多いです。

私もまずは、何を求めているのか？　何をしたいのか？　など、聴くことに徹します。そうすることで次の話題につながり、ついつい長電話になることもしょっちゅうですが、一見無駄だと思えることがとても大切になってきます。契約へと進んでいくうちに、あの時こんな話をしていたなとか、お客様の好みはこれだったなとかヒントになることが多いです。

どの先輩方もそうですが、皆さん仕事を楽しんでいる人ばかりです。私も自分自身が楽しまないとストレスがたまるので、自分の好きなスタイルで仕事をしています。洋服や髪型など私の見た目が不動産屋さんっぽくないとよく言われます。

ママさんと内見のため、錦で待ち合わせをしていると、「あなたも今日内見なの？　私もなの」と錦のママに間違われたり、鍵を借りにオーナーのところへ行くとお客様に間違われたり、しょっちゅうあります。なかでも海外のお客様には、「あなた日本語うまいね、国はどこ？」と外国人に間違われることもあり、笑い話には事欠きません。

不動産業は、一つの案件を最初から最後まで担当することがほとんどで、途中で担当が変わるということは私の会社ではありません。ヒアリング・内見から現地調査、契約、工事立会、打合せなど開業までいろいろなご相談でお世話をさせていただきます。

先日、初めてスナックを開業されるママさんのご契約をさせていただいた時には、工事業者さんのご紹介、風俗営業許可申請の手続きをする行政書士の先生、おしぼり屋さん、カラオケ屋さん、保険など多岐にわたるご紹介を一貫してすべてご案内いたしました。

初めて開業される方は、私が女性不動産エージェントなので相談しやすいと言ってくださる方も多く、たくさんのお話をして友達のように仲良くしてくださる方が多いです。そのおかげで私もとても良い波動を受けながら、楽しくお仕事をさせていただいています。

海外のお客様もいらっしゃいます。コロナ渦の時期、日本人が消極的だった店舗展開を、韓国や中国、ベトナム、ネパールなどの国の方から積極的に問い合わせいただき、たくさんのご成約をいただきました。笑い話なのが、一時期、ネパール人のお客様が増えすぎて携帯電話がパンクしました。仕事のおかげで子供たちも交えて国際交流までできて、昔の私だったら受け入れられないようなことでも「そんな考えもあるな」と怒らずに受け入れる自分がいるので、視野や考えがとても広くなった気がします。

いろんな方々と交流することで振り幅が広くなり、ストレスの溜まることがあまりなくなりました。仕事を通して、断られたり、キャンセルになったり、数々の悔しい思いや、エリアを広げた時に知らない土地で心細い思いをしたことを考えると、本当にいろんな経験をしてきてよかったなぁと思います。悔しい気持ちや仕事を通して泣いたことも、何一つ無駄ではありませんでした。たくさんの方々と出会って、いろんな考えがあるのを知ったので、ストレスを溜めることなく「受け入れる自分」という新しい自分に出会えました。

まだまだ奥が深い不動産の世界で、次はどんな方に出会うのか、どんな考え方の方がいるのか、本当に楽しみです。

人生、何一つあきらめない

私には3人の子供がいます。働き始めたころ小学生だった長男は高校生になり、幼稚園、赤ちゃんだった娘たちはそれぞれ小学生と中学生になりました。女性は子供が生まれると、すべての意識が子供にいってしまいがちです。かくいう私も、長男を産んでから必死で育児をしていました。いろんな壁にぶつかり、人間関係に悩んだこともありました。

あるとき、それまで子供優先にすべて決めていて、ストレスを溜めている自分に気づき、着たいものを着て、自分が行きたいところへ行って私自身が楽しんでいたら、「ママが楽しそうなのいいね」と息子が言ってくれました。子供を産む前までは自分優先だった生活が一変、子供優先になり、いつの間にか《母親らしいスタイル》で育児に戸惑っていました。

しかし、息子の一言で忘れていた気持ちを取り戻した気がしました。その頃から、子供がいても自分を大事にして、自分の人生を楽しんでいくということがモットーになりました。

母親であり、仕事もフルでしているため、どちらも完璧でいられるわけではありません。仕事とプライベートのバランスは今でも悩みながらですが、正直悩む時間がないほど目の前のことをこなしていくのが精一杯だったりします。完璧に何もかもこなせないので、時には周りの手助けを借りている日々です。

私の独自の呼び名があり、「火曜日の女」もその一つです。というのも、我が家は週1回、ママが遅く帰る日を決めています。この日はお手伝いさんに来てもらい、子供のお迎えや夕飯の支度、時にはお風呂の用意などをしてもらっています。その日が火曜日なのです。

この日はゆっくり夜を過ごせるので、お客様のお店へオープンのお祝いに行ったり、同業者と夕飯を食べながら近況報告したり、YouTubeを撮ったり、時には溜まっていた書類の山を整理したりすることにあてています。なので、仕事柄「今度、遊びに来てくださ い」とお付き合いで誘われることもしばしばある私も「子供がいるから」とお断りするのではなく、「火曜日の女なので、火曜日に誘ってください」と笑顔で返すことができます。

子育てをしているから、仕事をしているから、○○があるからと理由をつけて諦めるのはとても簡単です。ですが、その先に待っているのは、叶えたい夢を諦めた自分の姿です。

人間、生まれたからには死があり、例えば死ぬ直前に「ああ、これもやりたかったな、あれもできなかったな」と後悔したくないなら、人生は一度きり、楽しんだほうがいいと思います。私は、自分が好きなように思い描いた人生をおくりたい。日々そんな風に願いながら、新たに勉強している資格取得も含め、今でもいろんなことに挑戦しています。

仕事のルーティンを自分で決められるようになってきた昨年から、思いきってドラムを習い始めました。　趣味を広げたおかげで、ライブハウスで演奏したり、いろんな輪が広がりました。

所属している不動産協会からお声がかかり、支部の役員を拝命することになり、SNS集客やブランディングのセミナー講師を務めたり、不動産起業をしたい方向けの開業セミナーで登壇させていただいたりしています。また、コロナが落ち着いてきたので、再開される繁華街のいろんなお祭りやイベントにも主催側で企画したり、ベリーダンサーとして出演したり、これまで以上に精力的に活動をさせていただくことが増えてきました。

専業主婦の私だったら、何十億何百億のビルを扱っている経営者たちの前で話をしたり、YouTubeで全世界へ配信するなんて、まったく考えたことすらない想定外の人生すぎて笑うしかないほどです。すべては、あの時。迷っている私への父の一言から始まった気がします。そして、改めてさまざまな広がりのある不動産業の奥深さを実感しています。

視野が広がったことも経験値が増えたことも、毎日お客様を通していろんな出会いがあり、刺激的な毎日がおくれていることも、子供たちや両親、周りのスタッフ達、支えてくださるあらゆる方々に感謝できるのもすべて起業したおかげです。「自分を信じること」で行動ができたこと、ぶれずにやってきた自分自身にも感謝して、これからも誠実に仕事をしていこうと思います。

Message

あなたへのメッセージ

いつも自分を信じて、
色んな事に興味をもち楽しみながら、
未来の夢に向かって
1歩ずつ前進しましょう！

エリー妃沙子さんへの
お問合わせはコチラ

合同会社LOHAS KYOTO 代表
医療介護事業

大倉晶子

過去に起きた
数々の辛い経験が
「今」に繋がる！
医療＆介護事業を
通して目指す
私たちのビジョン

Profile

1968年、京都府出身。一般企業等に勤務後、医療業界への想いが募り、精神科単科病院に就職。配置転換を経て、46歳で独立。2014年12月、精神科に特化したヘルパーステーション「オーキッド」をオープン。現在は、京都市左京区にて訪問看護と相談支援事業所を開設し、事業を拡大中。日常の生活を送ることにお手伝いが必要なご利用者の心に寄り添い、「人生の伴走者」として事業に奔走している。

1日の
スケジュール

Morning

5:50　起床・ストレッチ　愛猫との朝

7:00　出社　職員をお出迎え

19:00　退社　帰宅し夕食

21:00　お風呂　リラックスタイム　もちろん愛猫

22:00　事務作業など

24:00　就寝

Night

すべては岩倉の精神病院から始まった

小さい頃、鉄格子のある病院がどんな場所なのか、どんな人たちがいて、怖いことがあるのかと漠然とした不安を抱いていましたが、自身の日常とは異次元の存在でした。24歳の時、職業安定所で精神科の病院の求人情報を見つけ、何か惹かれるものを感じながらその病院での就職を決めました。今考えると、何も考えずに病院の門をくぐったようなものですが、何か引き寄せられる運命があったのでしょう。

病院の中に入ると、一般的な病室もありましたが、畳の部屋にお布団を敷いた人々がいる病室などもあり、初めて見る光景に驚きました。特に一番驚いたのは、院内の避難訓練でした。皆さんも学生時代に参加されたご経験があると思いますが、ご入院中の皆様が迅速かつ真剣に取り組まれていて、今まで見た中で一番完成された避難訓練でした。そこで皆様の心の真っ白さを心から実感し、感動を覚えたのを今でも記憶しています。

病院での勤務を20年以上続けてきましたが、利用者様のニーズにどうしたら、応えることができるのかと考え始めました。利用者様は私たちと同じく、３６５日をご自宅で過ごされており、年末年始や祝日など、病院や役所が休みの時には特に不安を抱かれることが多いです。夜にお風呂に入りたい、夕食を夜に食べたいといった普通のことでも、希望が叶わない現状があります。せっかく自分で選んだ場所でありながら、自分らしく生活することができないのです。また、大規模な医療機関では組織体制を変更することも難しい。試行錯誤の末、「ならば自分たちでやってみよう」という思いで起業を決意しました。

病院勤務時代の経験と洞察を活かし、利用者様のニーズに応えるためのサービスを提供することに集中しました。日々の訪問介護や看護業務だけでなく、利用者様の生活全般に関わる相談やサポートも行い、皆さんが充実した日常を送ることができるよう努めました。最初の数年間は、手探り状態で事業を展開しました。私たちはマンションの一室を拠点にスタートし、少ない人員とリソースで多くの業務をこなさなければなりませんでした。時には24時間体制で対応し、緊急のケースにも迅速に対処する必要がありました。夜中から深夜にかけて警察と連携して対応することもありましたし、ＳＯＳがあったりする中、皆で奔走してきました。

起業には失敗や挫折がつきものであり、その過程で数々の困難が待ち受けることもあります。しかし、私はそれらを乗り越えるために、挑戦を続けることの重要性を痛感してきました。成功への近道は、自分たちのビジョンに向かって進み続けることであり、常に前向きな考えと果敢なチャレンジが鍵となるのです。

挑戦の中で失敗や挫折に直面することは避けられません。しかし、それらを学びと成長の機会と捉え、立ち上がり続けることが重要です。私たちは失敗から教訓を得て、改善点を見つけ、次に向けて進化してきました。一度失敗したからといって諦めることはありませんでした。常に前向きなマインドセットを持ちながら、再チャレンジすることが成功への道を切り拓くのです。

また、ビジョンを持つことも重要です。自分たちが目指す未来像や事業の目的を明確にし、それに向かって着実に進んでいくことが大切です。ビジョンはチーム全体を結集し、モチベーションを高める原動力となります。困難や試練に直面した時にも、ビジョンを忘れずに前に進むことができれば、成功への道筋が見えてくるでしょう。

さらに、常に積極的な思考を持つことも必要です。困難や障害が現れたときに消極的になるのではなく、逆にチャンスや解決策を見出すために前向きに取り組むことが重要です。困難を乗り越えるためには、柔軟な発想や創造力を活かし、新たなアプローチや戦略を模索することが求められます。常に可能性を信じ、自らの行動によって成功を引き寄せることができるのです。

起業の道は険しいものであり、一筋縄ではいかないことも多いです。しかし、成功を成し遂げるためには、失敗や挫折を受け入れながらも挑戦を続け、自分たちのビジョンに向かって前向きに歩み続けることが不可欠です。その過程で得られる経験と成長が、成功への鍵となるのです。

起きた出来事には意味がある

私は長い間、母子家庭で育ちました。父親の顔を知らないというとそうでもないのですが、2歳半の時に京都ではない土地で、教会の幼稚園みたいなところに通っていました。ところがお金がなくなり、先生に「辞めなければいけないんじゃないか」と話をしたことを今でも鮮明に覚えています。優しかった先生や、お友達と離れなければいけないことが幼いながらにとても寂しく辛かったです。

当時、私たち家族3人でお店を経営していたのですが、なぜか父親からビールか何かを飲まされ死にそうになったことも断片的に覚えています。その後、私は幼稚園を辞めさせられ、京都に戻って母と二人で生活することとなりました。

ある時、戸籍謄本を手に入れる必要があり、区役所に取りに行くと、戸籍には母の名前しか載っておらず、それまでの人生の中で一番の衝撃を受けました。自宅に戻り、母が帰宅した際に問い詰めるも明確な回答は得られませんでした。その際に母が「戸籍は綺麗だからいいでしょう」と言い放った言葉で、完全に母との距離を痛感し、それからは距離を空けることとなってしまいました。

この出来事から、私は少しずつ対人関係にゆがみを感じるようになりました。愛着障害のような感じで、人とのつながりを築くことが難しくなりました。長い期間、孤独を感じながら成長していく中で、私の心には深い傷が刻まれていきました。

そんな私ですが、めでたく結婚をし、息子も授かり、順調に人生を歩んでいました。

しかし、息子が3年生の夏に、職場の仲間たち大勢の目の前で、夫が事故で命を落としました。この出来事で第二の試練が始まりました。

夫を失った悲しみ、未来への不安、そして周囲の人々の態度に対する困惑など、多くの感情に苛まれました。この時、人の希薄さを目の当たりにし、心の傷はさらに深くなるばかりでした。周囲の人々が夫を失った私たちを見捨てていくような気もしました。なぜこんな目に遭わなければならないのか、幸せに暮らすことは難しいのかと思いました。

私が過去に経験した数々の出来事は、悪いことが続くばかりと思っていました。けれど、現在に至るまでの私の人生を振り返ると、それらの出来事が私に肯定的な意図や前提を与え、私を現在の地点に導いたのだと感じます。

例えば、私が幼い頃に通っていた教会の幼稚園を辞めざるを得なかったことも、その後の人生に影響を与えました。その経験によって、母子家庭での苦労を身をもって知ることができ、私が今営んでいる各種サービスに繋がるきっかけとなりました。

当時の苦労を思い出すと、訪問看護サービスがあればもう少し楽だったのではないかと感じます。そんな時期に、訪問看護サービスに出会えたら、どれだけ救われたことか。

私は今、そのような各種サービスを提供する立場にあります。今後も、誰かの役に立ち、支えになれるように精一杯取り組んでいきたいと思っています。

ご利用者様の期待に応えたい

私たちの事業は、ご利用者様の期待という存在に支えられています。その期待を前提に、私たちは考えることが強みであり、ご利用者様の期待が原動力となる姿勢を持って取り組んでいます。

起業当初は順風満帆とは言えず、方向性の違うスタッフが去り、ご利用者様とのご縁が途切れることもありました。しかし、これらの出来事も必然的なものであり、私たちの前進において重要な学びとなりました。

また、現在の仲間たちとの出会いも、私たちの姿勢と結果に基づくものだと考えています。私たちは丁寧にご利用者様と関わることを喜びとし、その喜びを共有するスタッフと共に歩んでいます。そのため、ご利用者様からの「ありがとう」という無形の感謝のギフトを受け取ることは、施設では得られない達成感の一つとなっています。

しかしながら、私たちは「訪問介護」と「訪問看護」の二つの事業だけでは充足感を得ることができないと感じていました。そのため、介護保険のケアマネージャー事業所を立ち上げる決断をし、それに伴い現在のビルに引っ越すことができました。

相談支援は、すべてのサービスにおいて重要な要素であり、タイムリーかつ適切なサービスを提供することで、迅速な対応が可能となります。自社で事業所を持っていると、他の事業所に連絡をする手間も省け、ご利用者様にとっても迅速かつ継続的なサポートが実現できるという利点があります。

私たちの事業は開始から8年が経ち、やっと望んでいたサービスの形が完成しつつあります。日々の奮闘を振り返ると、「ご利用者様からの期待」という存在が非常に大きかったことがわかります。私たちは自分が始めた事業を中途半端に終わらせてはならないという責任感と意図を強く持ち、全力で取り組んできました。この姿勢と思考が私たちの基盤となり、今日の私たちの姿勢を形作っています。

ご利用者様の期待に応えるため、私たちはご利用者様の生活の質を向上させるための取り組みを行っています。ご利用者様からいただく期待は多岐にわたり、私たちはその期待を受け止め、具体的なニーズや要望に柔軟に対応することを心がけています。

例えば、日常生活の中での身の回りのお世話から、医療や介護に関する専門知識の提供、さらには生活の質を高めるためのソリューションを提供し、幅広い領域でご利用者様の期待にお応えするよう努めています。

私たちはお一人お一人のご利用者様に真摯に向き合い、彼らの生活に寄り添います。ご利用者様とのコミュニケーションを重視し、丁寧にお話を伺い、彼らの個別のニーズに合わせたケアプランを作成します。

また、ご利用者様の日常生活の中での困りごとや悩みにも共感し、解決策を提案することも重要な役割です。例えば、生活環境の改善や必要なサービスの提案、地域のサポートネットワークへの連携など、ご利用者様が安心して暮らせる環境づくりに努めています。

私たちの事業所には、さまざまな専門職が所属しており、ご利用者様のニーズに対応するための幅広い知識と経験を持っています。例えば、保健師や看護師や介護士、相談員、作業療法士などがチームとして連携し、ご利用者様の健康管理や日常生活のサポートを行っています。

私たちはご利用者様の期待が最大限に満たされるよう努めるだけでなく、常にサービスの質の向上にも注力しています。フィードバックを受けて改善を行ったり、専門知識の向上や新たなケアプログラムの導入を行ったりすることで、より良いサービスを提供できるよう努力しています。

私たちの事業は、ご利用者様の期待を受け止め、その期待に応えることを使命としています。これからも、私たちはご利用者様の声に耳を傾け、彼らの生活の質を向上させるために全力を尽くしていきます。ご利用者様からの信頼と喜びを共有し、共に歩んでいくことを誇りに思っています。

理想の自分を叶えるためのお手伝い

私たちのビジョンは、ご利用者様が安心して生活できるサポートを提供することです。そのために、私たちはチーム一丸となって努力し、質の高いサービスを追求しています。今後も私たちの事業が成長し続けることで、より多くの方々に支えられ、喜ばれる存在となることを目指しています。

ご利用者様の期待に応えるために、私たちは常にお一人でも多くの方を支えられる環境を整えています。特にコロナ禍においては、悩みや困難を抱える方々にも声を上げていただけるように努めていました。心療内科や精神科を受診するハードルが高い場合でも、私たちに相談していただくことで新たな道が開けることを信じています。

また、受診するほどではないけれども閉塞感を感じている方や、現状を打破して成長したい方々にも、福祉や医療サービス以外の支援を提供しており、コーチングやカウンセリングなど、さまざまなサービスを用意しています。私たちはご利用者様の多様なニーズに柔軟に対応し、お一人でも多くの方に充実した支援を提供することに努めています。

起業においても同様に、誰でも成功への道を歩むことができます。自分自身の軸を持ち、自分が大切にしている価値観や目標に向かって進むことが重要です。自分の軸を持つことで、迷ったときに正しい判断を下すことができます。

また、自分が向かいたい未来を明確にイメージし、一歩一歩前進することも大切です。失敗や不安があっても、前向きにとらえ、現在自分ができることに集中し、行動を起こすことが重要です。私たちはいろいろな方々に対して、自分自身の軸を持つことや未来像を描くことの重要性を伝え、前向きな行動を起こすことをアドバイスしています。

さらに、私たちは心理学のＮＬＰ（神経言語プログラミング）やＬａｂプロファイル、アドラー心理学など、幅広い心理学の手法を活用したコーチングやカウンセリング、セミナーを開催する予定があります。これらの手法は、個々の方が自身の潜在能力を引き出し、自己成長や目標達成に向けたサポートを受けるための有効なツールとなります。

私たちの使命は、皆さんが自身の理想的な姿に近づくためのお手伝いをすることです。心理学の知識や技術を駆使しながら、個々のニーズに合わせたサポートを提供し、皆さんが充実した人生を築いていくためのサポートをするとともに、私たちは常に新しい展開やトレンドを鑑みながら、最新の情報や手法を取り入れていきます。それにより、より効果的なサービスを提供し、皆さんが楽しみながら前進できる環境を整えることが可能になるのです。

心理学のＮＬＰを活用したコーチングやカウンセリングでは、言語や思考のパターンを変えることで、課題の解決や目標達成を促進します。また、Ｌａｂプロファイルやアドラー心理学に基づいたアプローチでは、個々の人格や生き方に関する洞察を深め、より良い人間関係や自己成長への道筋を見つけ出します。

さらに、セミナーを通じて、幅広いテーマについての知識やスキルを提供し、参加者が自己啓発や学びを得る機会を提供します。


最後に、読者の皆様に心から感謝申し上げます。そして私たちのビジョンに共感していただき、ご利用者様のご支援やご信頼をいただいておりますことにも深く感謝しています。

また、ご高覧いただきご興味を持っていただいた方は、いつでもお気軽にご相談ください。私はお一人お一人の成長と幸福を心から願っています。

最後に、読者の皆様に心からの感謝とお祈りを捧げます。

ありがとうございました。

Message

あなたへのメッセージ

失敗や不安があっても、
前向きにとらえ、
現在自分ができることに集中し、
行動を起こすことが大切。

大倉晶子さんへの
お問合わせはコチラ

株式会社オセル 代表取締役
業務用パン宅配サービス事業

奥田直美

愛する仲間や
家族を守るために
起業を決断！
地域密着型の
パン宅配サービス
創業物語

Profile

岐阜県出身、20歳までアメリカで育つ。大学卒業後、名古屋東急ホテルのフロントに2年間勤務。起業したいという想いが募り、両親が経営する株式会社中部ロワイヤルに入社。飛び込み営業やマネージメントを覚えるなど、事業継承の準備をしていたが、会社がM&Aにて売却。2015年、株式会社オセルを設立。2023年にECサイトを立ち上げ、日本全国に業務用パンの宅配サービスをスタート。アナログ営業は創業当初から変わらず、東海地区を中心に販路拡大。2023年2月よりweb TV『覚悟の瞬間』に出演中。

1日の
スケジュール

Morning

5:00　起床　朝ご飯

6:00　サウナに入りながら読書

8:00　会社出社

8:30　朝礼出席

20:00　帰宅　夕食

21:00　最終報告やネット確認等　事務作業

22:00　お風呂

23:00　就寝

Night

両親が会社をM＆A　―ゼロからの出発―

両親は喫茶店やホテル、レストラン等の外食産業に卸をする会社の創業経営者で、中部地区と九州の下関に自社工場をもっていました。

二人は結婚後、みかん箱一つの生活からスタート。父が30歳の時に会社を創業し、その後30年以上存続させました。笑っていいとものの中間ＣＭに流れるまでの会社になり、全国展開したこともあって、約１０００人の従業員を抱える企業に成長しました。

ところが、父が身体を壊し、母は会社を続けながら父を介護する毎日になっていました。

私は小学生の頃から、尊敬していた両親の影響を受け、経営者になりたいと思っていました。卒業文集にも「将来の夢は会社経営者」と書いていたぐらいです。

大学卒業後は、それを疑うことなく、親の会社をただ立派に継げば良いのだと思っていました。そんな私の姿を見て、常々、両親が言っていた言葉があります。

「自分達でやったことは、自分達の代で終わらせる。そして、親の敷いたレールではなくて、愛する子供達には自由な人生を歩んでもらいたい。だから会社を継がせる気はない。

定年退職は自分達で何歳にするか決めて、会社をM&Aした後の人生設計も、逆計算することで成功者としてこの仕事から上がる。会社を継げるなんて思ったらダメだよ！　私達の生き様を継ぎなさい、恵まれた環境で甘んじることなく、本気で社長になりたいなら、ゼロから叩き上がってきなさい」と。

その頃はまだ学生ということもあって、何を言われていたのかよく理解できませんでしたが、自分なりに考えて、経営者になるにはまず営業力が必要だと考えました。そこで私は飛び込み営業のスキルを取得するために、さまざまな特色を持ったやり手の営業マンが所属している会社が学ぶにはうってつけであると考えて、親の会社に就職。営業力のある人の売り方を見て学び、自分や商品の売り込み方、人の上に立つという大切なことなどを学んでいきました。

そのなかで北九州の各営業所をまわり、自分が新しい土地で後輩や仲間達を育成する本部長という立場でどんどん拡販していき、素晴らしい仲間と出会っていくことになります。

仕事に自信がついてきた矢先、両親が私には何も告げず会社をM&A、すべて終わった事実を報告されました。私は当時、北九州市小倉の出張先でその事を知り、本当に彼らだけで完結させるつもりだったのだと、愕然としたのを覚えています。

すべての引き継ぎが終わり、私は親の会社を去ることになりました。その際に両親が伝えてきたのは、「あなたは自由だよ。これからは好きなことをして生きなさい」。

今まで感じていた強いやりがいをなくし、その代わりに自由な時間を手に入れました。

それから数日が過ぎたころ、前職で離れ離れになった私が育てた各営業所の仲間から電話が鳴るようになり、「昔みたいに本部長と一緒に仕事をしたい」と話してくれました。

仲間達は無職になっていました。そして、段々と電話のなる数が1人、2人、3人と増えていき、考える間もなく私は会社を立ち上げざるを得なくなっていました。

今になれば、その状態に持っていってくれたことを本気で感謝しています。

彼らが住んでいる場所の近くに営業所を借りるため、忙しなく準備に追われながらも新しく会社をスタートすることになりました。


人は誰かに必要とされていないと、こんなにもつまらない人生になるのだなと実感しました。そして、自分の為には決断できないことも、愛する仲間や家族を必ず守ると責任を背負ったならば、その子たちを守るために決断できるのです。社長という大役を買えるだけの勇気をもらえました。

因果は巡る！

新たに立ち上げた会社は勤めていた親の会社を模倣しつつ、より地方地域に密着してパン類等の商品をお届けしようとするものでした。起業当初、最も大変だったことは、仕入れ先を見つけることでした。私は3つの試練に出会うことになります。

最初の試練は社会的な信用です。まずは商品を用意しなければと仕入れ先に伺った際に、「株式会社オセルさん？　聞いたことのない会社だね。信用ないから、仕入れしたいなら、先に現金で決済してくれないと商品は売れませんよ」と言われました。

次の試練も信用でした。資金調達を行って、先払いに余裕を持たせなければと考え足を運んだ銀行で「貴社には信用に足る取引の履歴がないためお貸しできません。ご両親が保証人にサインしてくださるなら貸しますよ」と言われました。今でこそ会社を担う者として、信用というモノがどれだけ重要であるか身に染みて理解していますが、その時ばかりは「こんなにも融通が利かないものなのか」とショックを受けたのを覚えています。

だからと言って歩みを止めるわけにもいかず、私はここから未来のために何としても社会的な信用を買わなければならないと決意し、両親に頭を下げました。必ず返すから私の保証人になってくださいと。一人では出してもらえなかったお金を、会長のサイン一つですぐに融資を受けられました。なぜ？　私のほうが若いし、未来があるのに借りられないの？　と信用という不確かな言葉一つに無性の悔しさを味わったスタートでした。

息をつく暇もないままに3つ目の試練がやってきました。私の周りには有能な営業マンばかりが揃っていたために、仕入れの個数が多すぎて、共に成長していけるような共同企業や小さなパン屋さんに製造をお願いしようと足を運ぶと、皆さんにお断りされたのです。なぜなら、「オセルさんが望む数を製造すると、多すぎて、夜も寝ずに作らないといけないからつくれない」とのことでした。

皆が困っているし、何とか社員のために行動しないと！と気持ちを切り替えて、今度は大手にお願いするために3社ほど会社を回りました。今度は最低ロット数が大きすぎて、オリジナルは作れないことが判明。もしオリジナルで作るなら、最低ロット数をクリアしないと無理ですと、またまたロット数でお断りされて、頭打ちして落ち込みました。

どこかに私達のオリジナルで、お客様の満足する商品を作ってくれる工場はないのか、とにかく紹介してくださいと、何社も何社も回って、断られ続けました。

そんな姿を長らく見ていたであろう、母が助言をくれました。

「父がまだビジネスを立ち上げたばかりの初期に可愛がっていた後輩が、私たちの会社から離れ、起業し、今はとても立派な工場とたくさんの人に働いてもらうまでになっている。起業してしばらくはノウハウ等で手助けしたということもあって、覚えてくれているとは思うから、話をしに行ってみたら？」と。

私は神様に祈りながら、藁にも縋る思いでお願いしますと頼みました。その後、母はその方に商品を作ってもらえないか聞いてみるからと声をかけてくれました。

その答えは、「昔、会長にも社長にもお世話になったから作りますよ」と気持ち良く受けていただき、心から感謝の念を抱きました。立派な工場で、味も良く、父の懐かしさもあり、私の持ち込んだオリジナルにもすぐ対応してくれる素晴らしい会社に商品を作ってもらえることになりました。我が社のオリジナル商品。涙が出るほど嬉しかったです。

まさにこの瞬間、両親の生き様としての言葉「情けは人の為成らず」と、「必ず、まっすぐ人に施しをして生きれば、良きも悪気も因果は巡るものだ」が腑に落ちました。

人と人とが関わらなければ生きていけない世の中で、誰にどう接し、どう尽くしてきたか。その報いはいつか自分に返ってきます。自分だけではなく、その因果は愛する家族を助けてもらえることにもなるんですよ。そして、自分の成長を望むなら、相手から求められていることに応えるだけでなく、相手の立場に寄り添って＋αで動くことが大事です。

私の座右の銘は、情けは人の為成らず！　となりました。

ものを売るのではなく、自分を売る

創業後しばらくして、ゼロから新規を得ていくローラー作戦で、民家への飛び込みを始めました。大学を卒業後、名古屋東急ホテルのフロントレセプションに勤めていた経験から、敬語や笑顔、丁寧かつ上品な接客は営業の力になってくれると自信を持っていました。しかし、飛び込み営業では、それらは通用しませんでした。初めて行く場所では、何か変な人が歩いていると感じられ、田舎は地区によっては、同じ苗字の新家、本家がたくさんあり、すぐに受け入れてもらえない地域もありました。

また、赤ちゃんを起こしてしまって怒られる、車の置き場所や、言葉使いによってお叱りや助言をもらうなかで、相手の感じ方や受け入れられ方もまったく違うんだと、現場で教えてもらったことばかりでした。そして、パンを売ろうとすればするほどまったく売れず、ただ扉を叩くだけで上手くいきませんでした。

途中で気がついたことは、物を売るのではなく自分を売るという姿勢です。仲の良い知人や友人が私のためにと商品を購入してくれた姿を見て、商品を気に入ってもらうことより先に、自分を好きになってもらうことのほうが飛び込みで商品を売り込みに行く私たちのサービスには大事なことだと強く思いました。好きになってもらった先に警戒心無く、対等な立場で商品を勧め、購入する関係になれるのだと身をもって知りました。

そこで雰囲気を180度変えて、あたかも近所の子が遊びに来たような感覚で、本気で相手を好きになることに徹しました。呼び方も、お父ちゃん、お母ちゃん、じいちゃん、ばぁーちゃんに変更して、馴染みの赤いキャップ帽子をかぶり、忘れられないように元気いっぱいに笑って、「名前はなおちゃんって言うんだよ」と名乗り、来週も来るから買わずに待っててねと家を訪ね周りました。小さな約束を守ることに徹し、必ず私達が来るだろうと信じて待っていてくれる顔を思い出しながら、暑い日も、台風で風が吹く日も、大雪で足場が悪い日も、会いたさに背中を押されて、そんな日にこそ、いつも当たり前に買ってくださる方への恩返しがしたくて、仲間みんなでお客様のもとへ出向いていきました。

そうすることにより顔なじみになり、毎週、同じ曜日の同じ時間に懲りずに顔を出す御用聞きに徹することによって、段々と愛着を感じてもらえるようになり、皆様が私を待ってくれるようになっていったのです。信頼してくださる方がどんどん増えていき、今では約15年変わらずお付き合いしてくださっている方々ばかりで、家族に近しい存在になっていて、私達も顔見たさに毎週走り回るパワーになっています。

宅配サービスというよりも、パンを通じてのコミュニケーションの場を提供する事業だと考えています。地方は仕事があまりなく、息子さんや娘さんが都会に暮らしながらお仕事をしていて、都会に世帯を持たざる得なくなり、田舎に一人暮らしのご老人の方々が残るというスタイルが増えています。週末のお休みには、田舎の両親のお買い物を手助けに行けるけれど、毎日は行ってあげられないから心が落ちつかないという声をよく聞きます。

私が住んでいる岐阜県は、近くに八百屋さんもコンビニもスーパーマーケットもなく、歩いて行くにはとても不便で、車で行くにも30分かかるのはざらです。そして、高齢になり運転免許証を返上すれば、車を運転することもできません。田舎のバスは1日4本ぐらいしかなくて、乗り継ぎや待ち時間の多い不便な場所に住んでいらっしゃる方もたくさんいます。山間部に住んでいらっしゃる人達が買い物をしても、重たい物や嵩張る物は持ちきれません。リックサックに入る量もしれています。

そのため買い物難民となり、移動スーパーや宅配の人がくると、玄関先でお買い物ができて、重たい物を運ばなくても良いからありがたいと喜んで待っていてくださります。

そんな方々の荷物軽減の手助けがしたい！　力になりたい！　その思いが日に日に伝わっていき、私達の出入りも含めて個人的に信用していただき、電話をくださる娘さん達が増えていきました。なおちゃん、お願いね。バァーちゃんを頼むわねと。家族ぐるみで信用してくださって可愛がってくださることがすごく嬉しくて、新しいお家に飛び込む励みにもなりました。

時には娘のように、時には孫のように大好きなじいちゃんばぁーちゃんが、「なおちゃん、わざわざ遠くから来てくれてるんやから、あんたがくると思って玄関に野菜と干し柿置いておいたよ。お釣りはいらんけんね。帰りになおちゃんが好きなアイスクリーム食べていきないよ」。涙が出るほど嬉しいし、感謝しかありません。その支えがあるからこそ、20年間会社が存続し、ここまでやってこられました。本当にありがとうございます。

私達は宅配をしながら、安否確認も含めて1週間に一度のご訪問で、私達が息子さんや娘さんの代わりとなって手助けするといったサービスになっていると実感しています。

そして、充実感溢れるサービスを通じて、地域社会に貢献していきたいと強く思うようになりました。

最近では、コロナ禍であるにもかかわらず、嫌な顔一つせずに「皆待っているからね。お買い物行かなくて済むし、本当にありがたいから、頑張って来てね！」と手作りのマスクや、愛のこもったお手紙をいただきました。感染リスクがあって怖いはずなのに、宅配に来る私達の健康を気づかってくださり、本当に感謝しかないです。

今ではアナログな営業だけで、東海地区だけでも6千件以上の方々に可愛がってもらえるようになりました。

成功するまで逃げない覚悟と決意！

今までの我が社のコンセプトは【地域社会に貢献します】でした。

２０２３年からは田舎のご高齢の方達、都会に住んでいらっしゃる家族の方々に感謝と恩返しがしたくて、日本社会に貢献したいと強く思うようになりました。

そのために、北は北海道、南は沖縄、離島に至るまで、日本全国の方々にサービスを届けられるように範囲を広げました。会社オリジナルＥＣサイトを立ち上げて、私達の地方ならではのアナログな事業をそのままデジタル化したサービスなのですが、ここには一つ大きな問題があります。

私達の愛するご高齢の方たちは、まだまだガラケーしか持っていなくて、スマホやパソコン、インターネットの使い方すらわからない方ばかりです。そこで皆様のお力添えをいただき、日本中の年配者を助け合える幸せの和を繋いでいきたいと考えています。

我が社のサービスは、インターネット上でなくとも朝ごはんを買っていただけるように、まずは娘さん、息子さん、お孫さんの力をお借りして、愛する地方のじいちゃん、ばあちゃんにギフトボックスを送っていただき、その中にはご高齢の方でも読める、大きな字で書いたフリーダイヤルと、分かりやすく商品の絵がついたパンフレットを必ず入れるようにさせてもらっています。

そして、ギフトのお返しとして商品を送りたいという際にも、玄関でお支払いが完結できるようなサービスにさせていただきました。間違っても、地方に住む大切なご家族の方を銀行へ振り込みに行かせたり、郵便局まで歩かせることのないように、お家の中で支払いをしていただけるように配慮しました。

どうか若い世代の方々、インターネットを使いこなせる中間層の方々のお力添えが必要であるとご理解いただけたら幸いです。幸せ家族にお届けします。


私は、今まで支えてもらう側でした。でも自立して、愛する社員を守ろう、そして、シングルマザーになったことで、愛する家族をしあわせにしたいと願いました。

また、私に関わってくれたすべての人を幸せにしたい。そう覚悟した瞬間から、どんな境遇の人でも、勇気を持って一歩踏み出せば何だってできるんだと知って欲しい。

なぜなら諦めなければ、たくさん失敗したって、それも成功への通り道なんだから。失敗も楽しみながら、笑いながら足を止めないでいたら何かを掴むはず。一つも無駄なんてないんだから。

とにかく、途中で投げ出さないで一生懸命やれば、必ず結果は後から付いてくる！

努力は絶対に裏切らないから。これは今までの経験によって学んだことでもあるし、今まさに新しいことにチャレンジしようと覚悟している私から読者の方に切に伝えたいこと！　どんな困難でも諦めなければ誰でも成功できる。

底なし沼なんてないんだよ。一番下まで落ちたとしても、地面を蹴って何度でも這い上がってこられれば、後は良い事だけしか残っていないんだから。


私はシングルマザーで一馬力でした。特別な人間ではなく、失敗もたくさんしてきました。でも一つだけ皆さんに伝えたいことがあります。

それは、どんな人でも生き抜く覚悟を持って諦めず、物事をやり続ければ必ず成功できるということです。一人の身で誰に頼れる訳でもない環境でこそ想像もつかないパワーを発揮できたり、自分らしさを保ったままそれを最大限活かしていけることができたなら、貴方は支えてもらう立場から、人を支えられる真の通った一本の柱へと飛躍していけます。

Message

あなたへのメッセージ

夢を叶えたいなら、
自分を信じ、
気持ちに忠実に行動し続けること。
どう生きたかが
一番大切なことだから、
あなたの夢はかなうはず！

奥田直美さんへの
お問合わせはコチラ

くるみドリーム株式会社 代表取締役
児童福祉事業

片平真優美

第2子が難病を
発症した経験から
立ち上げた
児童福祉事業！
私たちが目指す
well-beingの世界

Profile

福島県出身。幼稚園教諭、保育士、社会福祉主事任用資格、小学校、特別支援学校教員免許、宅地建物取引士の資格を持つ。第2子が進行性の難病を発症、人工呼吸器を装着し、在宅生活となった経験から、児童福祉の施設を立ち上げる。現在、保育園、障がい児通所施設、相談支援事業を展開。

1日の
スケジュール

Morning

6:00 起床・夫、高校生の娘、自分のお弁当作り

8:30 保育園へ出社

9:00 季節ごとの行事や月ごとの行事参

10:00 保育園や各事業所の事務、来客や問い合わせ対応

14:00 打ち合わせ、各事業所と連絡調整

19:00 帰宅、夕飯準備、洗濯、片付け

22:00 事務作業

24:00 就寝

Night

第２子誕生、難病発覚

西暦２０００年10月、待望の女の子、娘のみなみは我が家の第2子として誕生しました。ミレニアムベビーと話題になり、記念となる年に生まれたことも重なり、娘の誕生を家族はとても喜びました。

出生時は何も問題なく予定通り退院し、実家で過ごしていましたが、生後1か月後くらいから母親である私には少し気になることがありました。手足の動きが少ない気がする……いや、きっと気のせいだろう。悩みを口にすることで現実になるのが怖くて、なかなか家族にも言えませんでした。

3か月検診、通常であれば子の成長を実感できる楽しみな機会ですが、行くのをやめようか直前まで悩みました。行かないわけにはいかない、そう言い聞かせて行きました。すると、担当医の診察で筋肉の弱さを指摘されたのです。私は涙が止まらなくなり、保健師さんに部室へ案内され、話を聞いてもらいました。保健師さんの対応はとても親切で救われました。気が動転していて話の内容は覚えていませんが、どうしていいか分からない母親の心にそっと寄り添っていただいたことをよく覚えています。

その後、大学病院を紹介され、娘は治療法のない進行性の難病と診断されました。病気はどんどん進行し、ミルクを飲み込む力が弱くなり、誤嚥性肺炎を繰り返すようになりました。呼吸する力も弱くなり、人工呼吸器を装着し、長い入院生活が始まったのです。大学病院の小児科には、他にも深刻な病状のお子さんがたくさん入院していました。当時は24時間家族が付添いでした。始めは個室でしたが、入院生活が長くなると大部屋に移動し、他のお母さんたちと話をすることも多くなりました。

余命宣告、難しい心臓の手術、みんな厳しい現実に直面していました。けれど、お母さんたちはいつまでも泣いていられない。泣いても笑っても変わらないなら、笑っていたほうがいいよね！　そう言っているように冗談を言い、笑って我が子に寄り添っていました。お母さんたちとの時間はとても貴重で、娘と一緒に乗り越えていくために必要な時間だったのだと思います。

大学病院での治療を終え、在宅生活を始めることになりましたが、人工呼吸器を装着しての在宅生活はそれまで例がなく、まして小児となるとゼロでした。迎え入れていただく地域の方々も手探りでしたが、何ができるのかを考えてくださりました。私たち家族をはじめ、娘を支えてくださる方々が、それぞれの役割で一生懸命頑張っていました。

24時間の人工呼吸器の管理は、医療関係者でさえ一人でできることではありません。何名かの医師、看護師が交代で行っていることを、家族が家事、育児、仕事をしながら行うのです。代わってくれる人はいません。支えになったのは、在宅看護をサポートしてくれた地域の方々の思いやりでした。当時、今よりずっと少ないサービス体制でもやってこられたのは、周りの方々に支えられてきたからだと思います。

24時間365日在宅生活を送る家族に、1日24時間のうちの数時間、1年365日の1日でも家族に代わって娘のケアを任せられる。家族が急に感染症に罹患しても安心して任せる場所がある。それは健康な児童であれば問題なく、保育園、幼稚園、学校、養護施設など、受け皿が整備されていますが、医療的ケアが必要な児童についてはまだまだ整備されていないのが現状です。

医療的ケア児も安心して生活できる。こんなサービスがあったら長男にも我慢させなくてよかったのではないか?と思うことがあります。それを今の自分ができたらと原動力になっています。

福祉、教育の現状を深く知る

病状は進行し、在宅での生活が困難になってきました。それでも家族が支えて生活するのが一番良いとされ、頑張る親が賞賛されました。私自身も「スゴいお母さん」に縛られ、弱い面を見せられなくなっていました。そんな時に主治医から、

「それぞれの役割があります。みなみちゃんは幼い時に家で十分に愛情を受けてきました。これからは学校の教育も受け、いろいろな方々に支えてもらったほうが将来的にも良いと思います。家族は週末に会えます。みなみちゃんも、疲れたママの顔を見るより、活き活きとしたママの顔を見たほうが嬉しいですよ」

と言っていただき、肩の力がフッと抜けました。ギリギリの在宅生活から、みなみは宮城県の病院へ入院、併設する支援学校の教育を受けることになりました。

10年ぶりくらいに仕事探しを始め、たまたまハローワークで紹介されたのが、市役所の福祉課で精神障がい者の地域移行支援の仕事でした。成人の精神障がい者の方と接することは初めてのことで戸惑いもありましたが、自分も娘の病気で考えた時期を重ね合わせ、

長い人生の中でゆっくり立ち止まって過ごす時期があっても良いと思い、精神障がい者の方と接していました。

また、市役所の仕事は行政側の立場を経験することができました。毎日、問題を抱えて相談にやってくる人がこんなにいるのだと驚きました。自分が困っていると感じていることは救えるのですが、自分が困っていることに気づかないと難しいということもここで学びました。

市役所の仕事をするなかで、自分は児童と接することが合っていると気付き、教員免許の取得を考えました。すでに持っていた幼稚園教諭免許と3年の実務経験があったので、決められた単位を取得することで教員免許が取得できると知り、通信教育で単位を取得、小学校教員免許を取得しました。久しぶりの勉強はとても楽しく、知識を得るのがこんなにも楽しいことだと学生時代に知りたかったと深く後悔しました。

その後、小学校の常勤講師になり、小学校で担任の経験をしました。小学3年生の担任をしていた2011年3月、東日本大震災が発生したのです。

それは帰りの会が始まる少し前でした。激しい揺れに立っていることもできず、机の下に隠れました。大きな揺れが何度も襲ってきて、泣き出す子も出てきました。ふと、隣の校舎を見ると、鉄筋コンクリートの校舎が波打って揺れていました。2階の教室に居た自分達は、少し前に起きたニュージーランド地震で床が抜けた事故を思い出し、「このままでは床が抜ける……」恐怖でした。

それでも担任は自分一人しかいません。17名の子どもたちを守るのは自分です。子どもたちを不安にさせないよう、安全に避難するように必死でした。校庭へと避難し、他の児童、先生と合流した時は少し安心しました。全員を家族に引き渡した後に、自分の家族は無事だったか、やっと連絡を取りました。保育園の娘は夫が迎えに行き、長男は自宅で無事でした。みなみは入院中なので本当によかったです。

その後、他県の講師を経験し、地元に戻って特別支援学校の常勤講師になりました。みなみが身体障害だったので希望したのですが、自閉症の児童の担当を命ぜられました。

我が子は体が動かない悩みで辛かったのが、自閉症や多動の児童は動き過ぎて悩んでいる。私からしたら羨ましい悩みでもあります。みなみは痛くても身体を動かせなかった。泣きたくとも声を出せなかった。目の前の子どもたちは嫌なら全身で抵抗し、大声で泣いている。正直、羨ましいなあと感じてしまいました。

しかし、障害にも病気にもどちらが良いというのはないとつくづく感じました。それぞれに悩みは深刻で、当事者にしか分からない面もたくさんある。分からなくとも寄り添える支援者になりたい。そう考えるようになりました。

障がい児通所サービスの拡充を目指して

特別支援学校の仕事は楽しく、子どもたちの成長も嬉しく過ごしていた日々ですが、私には、育児で悩んでいるお母さん、病気や障害で希望を失っているお母さんの力になりたいという夢が膨らんでいきました。

そんな時、インターネットで地元の小規模保育園公募の知らせに目が留まりました。働きながら子育てをして苦労した経験から、安心して預けられる保育園があったらなんて素晴らしいのだろう。安心して仕事や育児ができたら……と応募することにしました。

応募書類は膨大で、素人が一人でできるような量ではありませんでしたが、施設設備では宅建の資格を持っていたので、面積や法令関係も抵抗なく作成できました。主人と二人で作成し提出しました。初めての素人の応募書類で、半ば諦めていたのですが、運が味方したのか、公募に当選！　それからは学校の仕事をしながら、来春の開所に向けて準備が始まりました。

夢は子どもたちの笑顔と保護者の方の笑顔。想像するのもみんなの笑顔しかありません。準備はそれで十分かと思います。後はどこをどうして進んだのかよく覚えていませんが、とにかく周りに助けられて日々を過ごしてきたと思います。突き進む私の後始末を「俺がやってるんだ！」と、主人にもよく言われます。

保育園の園長として、大事なお子さま、大切な命をお預かりしています。かけがえのない大切な時期を任せられていると認識し、命の重みは誰よりも実感し、重い責任感と向き合っています。人生で貴重な時期を有意義に過ごして欲しい。1日1日を大切に。

平成17年4月に発達障害者支援法が施行されてから、社会での発達障がい児の認知度が飛躍的に高まりました。障がい児の通所サービスが増え、支援の場もできてきました。

放課後等デイサービスや児童発達支援事業所は、家庭と学校（幼稚園）の他の第三の場所として、障がい児の児童生徒に少人数制や個別の訓練を行い、学校などの集団生活でも戸惑いなく過ごせるようにと捉えられています。

保護者の方との面談も丁寧に行いながら、お子様の発達支援を実施しています。「学校でこう言われた。友達とトラブルがあった」「幼稚園からこう言われた」など、保護者の方は誰にも相談できずに、学校や幼稚園から言われたことに疑問を抱きつつ、解決というゴールが見えないまま生活しています。私はそれぞれが抱えている問題や不安を隣で聞くことぐらいしかできませんし、魔法の言葉も持っていないと感じています。それでも愛情を持って接することで、子どもたちが応えてくれると信じています。

短大卒業後すぐに幼稚園教諭となり、30人の年長組担任を任せられました。分からないことばかりでした。30人の子どもたちは個性があり、ヤンチャで困った事もたくさんありましたが、いろいろな側面から見ることで理解しようと頑張りました。愛することで子どもたちは応えてくれることを実感しました。

良い時も悪い時も人間だから必ずある。理由を探り、どうしてかな？　と考える癖がついていきました。自閉症のお子さんも問題行動の背景には必ず理由があります。健常児でも障がい児でも寄り添って愛情を持って接することで伝わることは同じです。

保護者の信頼は児童の信頼が第一と考えます。我が子が慕っている先生は信頼できます。子どもの前で心無い関わり方をしている先生は子どもから見抜かれていて、保護者の前でどんなに取り繕ってもわかります。

保育園の次に障がい児の通所サービスに着手したのは、やはり自分の経験を活かして、営利目的ではなく、見守りだけでもない、発達支援の放課後等デイサービスの実現を目指していたからです。保護者支援が大きな目的であり、児童本人の育ちをサポートすることが保護者の支援につながります。それは保護者の方の悩みが、お子さまの発達に関することが大きいからなのです。

保護者に家庭でも療育をしてもらうというのは、私は現実的ではないと考えています。

発語のない乳児期に会話が成り立たなくても、「おはよう、今日はお天気だね」「美味しいね」と、赤ちゃんに語りかけることは言語習得のためにも重要視されています。発語のない障がいと診断されたお子さまにも、家庭での言葉かけは特別なことではなく、日常のあいさつや言葉かけ、自然と行うコミュニケーションが障害の有無に関わらず重要です。発達支援は専門職に任せ、家庭では温かな環境で落ち着いて過ごす。お母さんは家事でやることはたくさんあるし、心配事もたくさんあるのです。間違った支援者が（親育て）として上から目線で親指導したがるので気をつける必要があります。

障がい児だからという偏見や差別に苦しんだ経験から、定型発達児の幼稚園、保育園、学校、そして障がい児の特別支援学校の現場を経験し、必要なサポートが適切に提供されれば生きやすい社会になると感じました。必要なサポートは、娘のように呼吸器ユーザーには管理するサポート、教育を受けるために移動が困難であれば移動の援助。当事者は何に困っているか問題点を探って、周囲でできることを各々が知恵を出し合うことが重要だと思います。

魔法の言葉ではなく、時間と愛情をかけて少しずつ繰り返し関わることで、子どもはゆっくり成長していきます。

well-being（ウェルビーイング）

社会で生きていく上で、周りとコミュニケーションを上手く取ることが重要です。特に乳幼児期から社会に慣れていくことが大事だと思います。

0歳から預けるのは可哀相だと考えている側もありますが、私は第2子の難病発症を経験し、妹の第3子も健康とはいえ、病気は突然発症したり、事故にあったりする不安が人一倍強かったと思います。神経質になりすぎる自分は育児にも悪い影響しかないと早くに仕事を再開し、第3子は0歳から保育園に預けました。保育園に預けると、そこでも悩みが発生します。周りの子と比べたり、友だちとのトラブルで怪我してきたり。自分の子も迷惑をかけることがある。お互い様と自分に言い聞かせてやるしかないのです。

学校へ入学してからも、お友だちや先生との関係など悩みは尽きません。自分のことではないので余計に心配です。何とかできるなら何とかしてあげたいと思うのが親心ですが、それは社会で自立して生活するために、親も子どもたちも必要な経験で、親離れ子離れのステップだと思って頑張りました。

長男も3番目の次女も、私が放任していた影響なのか、学校が大好きに育ちました。長男は妹のみなみが在宅で寝たきりの状態でも友達を家に連れてきて、隣の部屋で一緒にゲームをしていました。長男が小学5年生くらいの時にみなみは入院しましたが、それまで隠すこともなく、自然に共生していました。特別なことではない。自分ができることを精一杯やるという意識を強く持たせ、空手をやり、塾にも行きました。

ただ、子どもなりに考えていることもたくさんあったと思います。妹が病気で我慢もしてきました。心も体も成長する大切な時期に我慢を強いられるというのは、健全な発達ができない状況です。それも家族で支えるしかありませんでした。障害を持つ子の兄弟をサポートする体制はまだまだです。自分に自信を持つきっかけを見失わないように、周りで配慮する必要があり、自己肯定感を伸ばせるようにしていくことを大切にしていました。

みなみは、東日本大震災の翌年に12歳の短い生涯を閉じました。今でも主人と話をする時があります。「苦しい思いをさせて無理させたのではないかな」親の意思で延命させたけど本人はどうだったのだろうと。それは分からないのですが、その時に悩んで悩んで判断したことが最善だと思います。

これまで私が経験してきた障がい児の親、幼稚園の先生、小学校の先生、特別支援学校の先生、保育園の園長先生、相談支援専門員、同じ立場で奮闘してきたママ友、集団生活を支える先生として、多くの保護者の方に接してきました。育児に悩んでいたり、仕事との両立に悩んでいたり、悩みのない保護者さんは一人もいませんでした。今、悩んでいるママさんパパさんに私がお手伝いできるのは、気持ちを前向きにすることです。悩みを話すだけで気持ちが楽になります。それだけでも十分です。

くるみドリーム株式会社の理念は well-being（ウェルビーイング）です。well-being とは幸福感とも訳され、精神的・社会的・身体的といったすべての状態が良好で満たされている状態のことです。瞬間的なものではなく、持続的な幸せこそが well-being です。

みなみが肺炎で気を失っている時も、母親なのに我が子を抱きしめることができませんでした。何ができるのか考えた時に、気を揉まず落ち着こう。精神を穏やかにしようと努力しました。気持ちをコントロールするのは一番難しいことですが、それができた時に一筋の光が見えてきました。きっかけはさまざまですが、子どものために何ができるのかと、考えて落ち着き穏やかになって前を向くことができたら、もう前進しています。

そのきっかけになれれば、話を聞いて一緒に考えることができれば、自分だけじゃない、一人じゃないと力が出るきっかけになればと日々動いています。

そして、差別や偏見のない共生社会はインクルーシブ教育が必要不可欠で、特に生活に困難を抱いている家庭の子は早期に支援することで大きく成長します。21世紀を生きる未来の子どもたちの可能性を伸ばせるように支援していきたいと思います。

Message

あなたへのメッセージ

人生は良い時もあれば、
悪い時も必ずある。
一喜一憂せず、
落ち着いて考えることで
一筋の光が見えてくる。

片平真優美さんへの
お問合わせはコチラ

株式会社New deal 代表取締役
まつ毛エクステサロン経営

来田麻美

4坪から始まった
マツエクサロン経営！
自分を信じて
新たなチャレンジを
し続けてきた道のり

Profile

1975年生まれ、北海道奥尻島出身。18歳で島を離れ、歯科衛生士専門学校に入学。歯科衛生士として5年間従事し、26歳で大阪へ。美容スクールに通い、ネイルサロンに勤務。そこでまつ毛エクステンションに出会う。離婚をきっかけに北海道へ戻り、4坪のまつ毛エクステサロン《New deal》を立ち上げる。その後、店舗展開・講師活動など、技術者兼経営者として走り続け、2017年 eye lash 世界大会　Lash clown championship にて世界3位。いつかは海外で仕事がしたいとの想いを胸に、2022年マレーシアに出店。

1日の
スケジュール

Morning

7:00　起床
1日のスケジュール
・todoリスト確認
・連絡事項送信

10:00　サロンワーク
お客様の施術・事務作業

18:00　帰宅　ZOOMミーティング・会食

21:00　自分時間　お風呂・岩盤浴time ・SNS投稿

24:00　就寝

Night

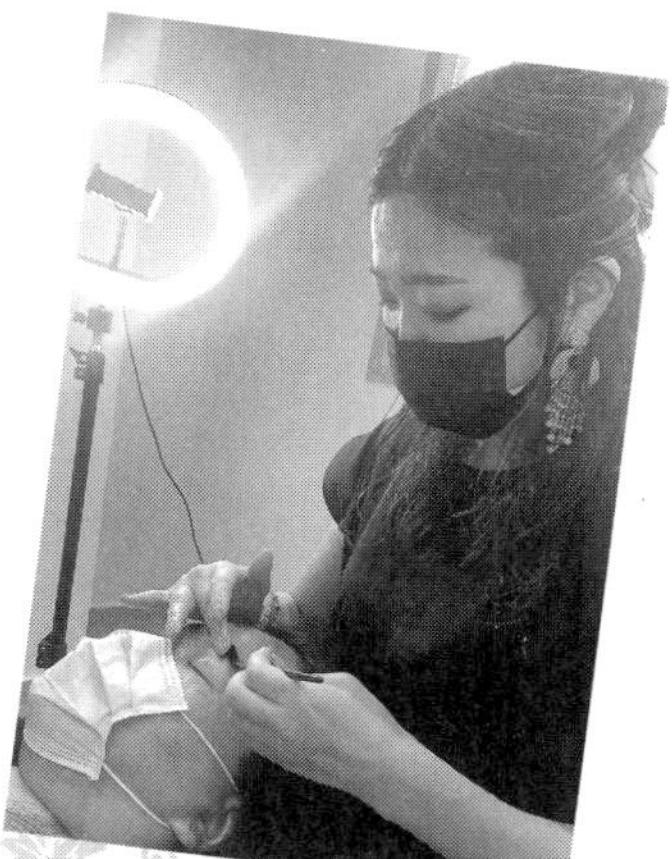

やりたい事をすべてやる人生

1993年、北海道南西沖地震。

当時、私は奥尻島に住んでいて、高校3年生でした。

自宅は津波に流され、一瞬で目の前の景色が変わり、明日が来るのは当たり前ではないことに気がつきました。

その時、思ったのです。

「やりたい事は後悔することなく、すべてやる人生にしよう」と。


高校を卒業し、憧れの札幌へ。コンプレックスの塊だった私はお化粧を覚え、お洒落をして出掛けることが楽しくて仕方ありませんでした。覚えたての美容という世界、ほんの少しのきっかけが、少しずつ自分に自信を与えてくれる……そんな美容の世界にどっぷりとハマっていったのです。

26歳の頃には、そんなきっかけを与えられる美容を「仕事にしたい」と強く思うようになっていました。結婚をして関西に嫁いだのもこの頃でした。

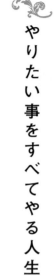

関西では目に映るすべてが新しい世界に感じられ、美容の仕事の経験を積みたくて、雑誌によく載っていた憧れのネイルスクールに通い始めました。

その後、韓国オーナーの方の元に就職。ネイルスクールを卒業したばかりの未経験の私は先輩に教えてもらいながら、なかなか売り上げが上がらない日々を過ごしていました。

そんな時オーナーから「これからはまつ毛エクステンションが流行るよ、お勉強してみたら？」とアドバイスをいただいたのです。半信半疑でしたが、売り上げを上げられるようにならなければという思いで、まつ毛エクステンションの勉強を始めました。

そこから本当にまつ毛エクステンションのブームがやってきました。当時2万円の施術でも予約はいつも満員！　それと同時に世の中では、まつ毛エクステンションによる目元のトラブルも増え、「まつ毛エクステンションは危険」と言われるようになりました。

どうすればお客様に安心して通っていただけるのか、何が危険と言われているのか。技術者としての信頼を得るための答えを求め、働いたお給料はすべてまつ毛エクステのスクールに使いました。通ったスクールは6社にも。

『まつ毛エクステンション』という技術、繊細なお仕事にどっぷり浸かった私。同時に夫婦関係に歪みが出てきたのもこの頃でした。話し合いを何度重ねても修復することは難しく、２００５年に離婚しました。

大阪の某サロンで店長として働いていたため、ひとり大阪で新しい生活をスタートさせましたが、環境に馴染めず、いろいろな出来事が重なり、すっかり心が疲れてしまい、人に会うのも辛く、引きこもりの期間を過ごしました。

これからどうしよう、未来が不安で泣いてばかりだった私を、札幌の友達が「とにかくこのままじゃ駄目になるから札幌に戻ろう」と迎えにきてくれました。

まだまだ、まつ毛エクステのはしりだった頃、札幌にはまつ毛エクステのサロンは数店舗しかなく、技術を一生懸命練習し学んできた私にとって、働いてみたいと思えるお店もありませんでした。

「小さくても良い。いつからか夢だった自分のお店を出してみようかな」

段々とそう思えるようになり、物件を探し始めると、ここがいいなぁと思える4坪の物件を見つけたのです。その4坪の物件に、昔から仲良くしていた建築士の友人がお店っぽくカウンターとディスプレイ棚を作ってくれて、私のお店はスタートしました。

念願だった自分のサロン。

名前を考えていた時に目に止まった『New deal』の文字。

New Deal 政策は、1933年、F＝ローズベルト大統領が世界恐慌克服のために示した新政策で、救済（Relief）、回復（Recovuery）改革（Reform）の３Rを政策の理念とし、アメリカ合衆国の経済を再建しました。

そして、New dealには「新規巻き返し」という意味があります。

そう、失敗しても仕切り直して何度でも巻き返していけばいい。

その言葉や想い理念に熱くなり、私はお店の名前を『New deal』と命名しました。

●始まりやチャンスは、実はピンチの時にやってくるのかもしれない

4坪から始まったサロン経営

4坪のひとりサロンからスタートし、たくさんの想いを詰めこんだ『New deal』には、最初から多くのお客様が足を運んでくださいました。大好きな仕事を通じて、たくさんの人達と出会い、毎日が幸せでした。

その頃です。まつ毛エクステンションのトラブル等がマスコミでも注目され、報道されるようになり、『まつ毛エクステは危険』と言われるようになってしまったのです。法律が変わり、美容師免許が必要になりました。当時美容師免許を持っていなかった私は、保健所からお店を閉めるよう指示されてしまいました。眠れない夜が何日も続きました。叶い始めた夢をどうしても諦めたくなくて。

そんな苦しみの中、悩みの中からもう一度仕切り直そうと、私は『New deal』を守る選択肢として美容師学校に通い始めました。その間は美容師を雇用して、技術者を育成する講師としての道を選びました。

4坪からスタートした『New deal』は、わずか1年で36坪の物件へ美容所登録のために移転。人を雇用し、雇用した人達の生活も背負って、今までの9倍もの広さの物件で、私は走り続けられるのだろうか……最初は不安に押しつぶされそうでした。

そんな私を救い、共に必死に毎日一緒に走ってくれたのは、オープン当初からの3人のスタッフでした。大変な事も大変な時期もあったけれど、ついてきてくれた仲間が支えてくれました。そして、ひとりサロンだった頃からのお客様もずっと支え続けてくれて、足を運んでくれました。

仲間が増え、お客様が増え、店舗も3店舗まで増えました。

移転した物件は、あと10年で取り壊しになる物件。10年後の未来、自分はどうなっているのか想像はつかなかったけれど、とにかく10年間は自分が第一線で走り続けよう。ついてきてくれるスタッフに、お客様に、たくさんのモノを与え伝え続けていこう。この10年は『New deal』に人生を捧げよう、と決意したのはこの頃でした。

「とにかく最高の技術を提供したい。まつ毛エクステが危険だなんて誰にも言わせたくない。お客様に安心して通ってもらえるサロンを創りたい」

だから一切の妥協はしませんでした。そのためにチャレンジをし続けました。

サロンワークの傍ら、協会の認定講師として全国を周り、安心・安全を伝え続け、美容専門学校では次世代のアイスタイリストを育てる授業に入らせていただきました。

そして、２０１７年にはLash clown champion sipというアメリカの一番大きな世界コンペのClassic部門で、世界3位の称号をいただきました。

その頃から、「一歩外の世界に出ることで見える景色が変わるなら、いつかは海外で仕事がしてみたい」これが私の夢になっていました。

誰よりも現場に入り続けて、誰よりも努力し続けているという自負がありました。だからこそ私はトップを走り続けたい。そんな想いで毎日必死だった頃の私には、先のことを考える余裕も、夢を叶えていく手段もこの頃にはありませんでした。

背中を見せながら、いろいろなことを伝えていきたいという想いと、店舗が増えスタッフが増え仕事が増え……。理想の自分と追いつかない自分、犠牲にする時間、いつからか楽しい大好きと思っていた仕事を苦痛に感じ、心が折れる時期もありました。

新しいチャレンジ、次のステージへ

そんな気持ちの移り変わりの中、気がつくと10年が経っていました。がむしゃらに走り続けあっという間でした。10年後取り壊しだった物件の契約を延長できることとなったのですが、ふと迷いが生じました。

今後の自分の人生、ここからのやりたい事、夢、もっと外の世界をみたい気持ち、自分の生きたいようにもっと自由にいろんな仕事にチャレンジしたい。

そう思い、物件の契約を6か月しか延長せずに、その間に今後の自分の人生をもう一度見つめ直そうと思いました。

そんな時にコロナ禍がやってきたのです。3店舗あった店は緊急事態宣言により休業に。今までゆっくり考える時間もとらず、ただひたすら目の前の事をこなすことに必死で走って来た私にとっては必要な時間でした。

コロナ禍で不安な状況の中、スタッフの生活・雇用だけは守らなければいけないと思い、私は大きな物件をその後の契約を結ばず、移転縮小しました。

もっと外の世界をみて、いろんな仕事をしてみよう。まだまだ自分の好きや得意を活かしてチャレンジをする人生を選択しよう！　そう決断しました。

そして、会社を設立してから10年をきっかけに、社会貢献や街を元気にする活動ができないかな……と想い始め、ミセスコンテストの運営に関わらせていただきました。私自身もミセス世代です。それぞれのさまざまな経験を経て輝いていくミセスの姿は私にとって刺激となり、また大会を通じてたくさんの出逢いがありました。

その頃、私の『いつかは海外で仕事がしたい』という夢を知っていた、昔からの尊敬する女性経営者からの紹介で、マレーシアにできる日本のショッピングモールのお話しを頂いたのです。いつかはとは思っていても、いざお話が来るとすぐに決断には至りませんでした。だけど、環境や人生のステージを変えて行くこと、自己成長するチャンスにとても興味がありました。

チャレンジをする時には今までの環境や手放すモノ・痛みを伴うこともあるかもしれない。だけど、その壁を超えなければ新しいステージや次のステージには行けない・・・そう思い、私はチャレンジをし続ける人生を選択したのです。

お店をスタッフに任せてきたことも、新しい仕事のお話が来たこともすべてがタイミングで、上手くいかなかったことですら、すべては最善のタイミングなのではと今になって私は思います。

マレーシアの生活はすべてが刺激的で、新しい環境、新しい出会い、変わる価値観、一歩外に出ること、チャレンジすること、すべての経験が財産になりました。

海外では思うようにいかないこと、進まないこと、伝わらないこと。一筋縄ではいかないし、簡単ではないことも多かったです。

そんな環境の中で自分にできる事からスタートすること。頑張ってもうまくいかない時、自分ではコントロールできないことには執着しないこと。ここでの時間で、0スタートに戻れたことは自己成長に繋がったとも思います。

その後、日本に戻ってからも自分自身ととことん向き合い、自分の人生から妥協を取り除くようになりました。人生は一度きりだと強く思うようになり、関わった事業も少しでも違うなと感じたら、潔く手放す決断もしてきました。

いろいろな事を振り返りながら、これからは自分の仕事を自分の好きなように自分の人生をクリエイトしていこうと思うようになりました。

美容の仕事を目指したきっかけのように、ほんの少しのきっかけが自分の自己肯定感に繋がったり、自分を愛し自分の人生を愛せるように。

まつ毛という世界を超えて【似合う】が一番美しいを伝えたい。

そんな想いから今はメイクのお仕事や、美容クリニックの立ち上げ、コンサルのお仕事など幅広く関わらせていただいています。

いろいろな経験を経て、悩み葛藤し、ひとりでは越えられなかったこともスタッフや仲間や周りがいつも支えてくれました。

出逢えて良かったという言葉、Newdealで働けて良かったと言ってくれるスタッフ、想いが伝わる瞬間、喜んでくれるお客様の笑顔。

その達成感を原動力に、どんな事でも乗り越えることができました。

New deal ―失敗しても何度でも巻き返せる―

0のものを仲間と共に1に立ち上げていくことも、マレーシアの新しい環境の日々も、思い悩んだこともありながら、すべてがチャレンジを積み重ねた上に見えてきた景色。

一つの出逢いから人生が大きく変わることもあるし、変わりゆく時代の中で柔軟に変化していけばいいのだと思います。

私も自信があったわけではありません。その代わりに努力は人一倍してきました。Eye lash salon の会社を立ち上げ15年。すべてがうまくいってきたわけでもなく、挫折やスタッフを育成すること、伝えること、伝わらなかったこと、越えてきたこと……いろいろな事がある環境の中で『自分にできる事・自分にしかできない事・与えられている意味・その中でベストを尽くす事』だけをいつだって考えてきました。

どんな経験も出来事から何を得られるか、成長できるかは自分次第で、他人の軸ではなく、自分の軸で自分の人生は自分が主役で生きてきたら、起きている出来事は人のせいにはならないのです。

自分を認め自分を信じ、チャレンジを続けてきた道のり。

コロナ禍の中で環境は変わり、今までとはまた違った時代の幕開けと感じています。

柔軟に変化し、広い視野でまだまだ自分にできる事、自己成長できる事、想い描く未来へチャレンジし続ける人生。

そう、何度でも仕切り直して巻き返せばいい。始めればいい。そう思っています。

これからも私自身がNew dealし続けていく人生に……

Message

あなたへのメッセージ

失敗しても
仕切り直して
何度でも
巻き返していけばいい。
始めればいい。

来田麻美さんへの
お問合わせはコチラ

株式会社リュウナ 代表取締役
株式会社免疫向上クラブ監査役／駅前健康ラドン浴サロンリュウナオーナー

小寺恵子

フィットネス水着
メーカーとして
オリジナルブランドを
掲げて創業！
23年間諦めずに
乗り越えてきた
試練の数々

Profile

1968年、兵庫県尼崎市生まれ。短大卒業後、スポーツメーカーに就職。経理部に配属されるも営業に目覚めたため、社長に直談判し、入社半年で営業部に異動する。1年後、トップセールスに。1993年に妊娠がわかり、育児休暇がないため寿退社となる。二人の子供を授かり、子育てしながら仕事復帰。2000年、有限会社リュウナ設立。翌年、株式会社リュウナに改組。2020年、株式会社免疫向上クラブの監査役になる。

1日の
スケジュール

Morning

6:00	起床・ストレッチ
8:30	出勤
9:00	始業
18:00	終業
19:00	帰宅し夕食 OR お客様と会食
22:00	お風呂
23:00	就寝

※出張がない時のスケジュール

Night

ひょんなことから始まった会社経営

思春期の頃から、誰かに認められたいという思いが強かったと思います。14歳で父親が他界し、父親が大事にしていた会社がなくなっていく様を見ながら、私は世の中に対して何か被害妄想的な感情をもっていたように思います。

学生時代は人と必要以上に関わるのが苦手で、距離を置くような子でした。ところが、就職して営業に出てみると、水を得た魚のように口から次々と会話が出てきて、お得意先様とすぐに仲良くなりました。成績が上がれば生意気な私の言動も正当化されるようになり、とても楽しく生きやすくなりました。

その会社は、妊娠、結婚で残念ながら寿退職をしましたが、当時私を営業に引っ張り、教えてくれた上司から「独立して会社を興したので手伝ってくれ」と声をかけていただきました。どうやら私が離婚したことを風の噂で聞いたそうです。私をまたスポーツ業界の営業に戻してくれました。子供がまだ1歳と3歳だったので、仕事をしながら子育てできるのだろうかという不安もありましたが、社長の右腕で働ける喜びのほうが大きくなり、入社しました。

仕事が楽しくて仕方ない時期が戻ってきて2年ほど経った時、勤めていた会社が経営不振に陥りました。社長にはとてもお世話になっていたので、これ以上負担をかけてはいけないと思い、退職を考えました。

転職を考えていたら、ちょうど新規事業で取引予定の仕入れ先（工場）から、「応援するから独立をしてこの事業を続けてくれ」とお声掛けいただいたのです。仕入れ先様2社の社長に応援していただき、当時、仕掛っていたフィットネス水着でそのまま独立することになりました。

転職ではなく、独立というリスクや不安がよぎるなか、資金の問題、時間の問題などいろいろ悩みました。今じゃなくても、子供が大きくなってから、とも思いました。

しかし、寿退職した時のように、私の実績を0に戻したくない。出産を終えて働ける環境になり、前の会社に復帰をお願いした時に断られ、女性が働くことの厳しさを思う存分味わってきた私は、今応援してくれる人がいる時に立ち上げ、前の会社の社長にも恩返しできるように経営していけたらと独立を決意しました。

決して独立して一旗あげようなどという浮かれた思いはまったくありませんでした。現実も実際そんなに甘くはなかったです。立ち上げ当初から資本金を入れて銀行口座を作ることもシングルマザーの私には難しく、何かにつけ女性だからと、男性だったらすぐできることでも何度も足を運び、説明しなければできませんでした。

前の会社の社長とお話をするのも怖いと感じるときもありました。私が起業する際、裏切ってしまったという気持ちがあったからでしょうか。当時は分かれなければ前の会社の経営が成り立たないのはわかっていたので、仕方ないと思いながらやはりつらかったです。

もちろん1年後にはいい関係に戻れました。


最初にいろいろなことがありながらこのリュウナ号を運転してきたので、23年あきらめずに続けてこられたのだと思います。

壁にぶち当たった時に、いつも自分に言い聞かせている言葉があります。

「超えられない壁は、神様は私に与えない」

私は惜しい人間になりたくないと必死でした。

女性ならではの感性と企画力を生かして

創業した時、近所のクリーニング屋さんのように、子供を育てながら家で仕事ができるように組み立てていこうと思っていました。

1章で述べたように、銀行や世間は冷たかったのですが、いいのか悪いのか、大手の得意先様が創業間もない女性の会社に口座を開け、私の企画する商品のオーダーを出してくれたのです。資金力もないのに、初年度から売り上げが上がっていきました。女性だからできる、女性だからできたリュウナの水着に対して、小売店様が期待していただいていたのではないかと思います。

20歳からスポーツ業界で営業をしていくなかで、当時は時代的にも男性社会で、野球、サッカーなどが主流でした。２０００年にフィットネスブームがきて、フィットネスクラブがどんどん建っていきました。この業界で初めての女性主導のスポーツだと思いました。

水泳とは違って、水中アクアビクスやウォーキングなどは、耳や鼻が悪く水中に顔をつけられない人もプールに入り、水の浮力の恩恵を受けられるスポーツです。業界自体みんな初めてのスポーツに対してどう料理したらいいのかわからないようでした。

私ももちろん初めてです。そこで、このエクササイズの一戦で活躍されているインストラクターの先生とコラボして水着を作ったり、水着と共にエクササイズの普及活動をしたり積極的に動きました。専門家とのコラボ企画・売り場主体の営業企画は、大手みたいにお金はかけられないですが、生の声を反映させた企画でした。

当初は一旗あげようとも思わず、港にリュウナ号をつけて子供を見ながら事業をしていこうと思っていたのに、調子に乗ってしまい、大海にリュウナ号を出してしまいました。大手メーカーにはできない営業企画をしようと思い立ち、営業に行った際に得意先様の声を聴き、消費者の動向を見て、まず仕掛けたのがマタニティ水着でした。

まだ下の子が3歳で、出産を少し前に経験していたこと、マタニティライフが不安で仕方なかった経験から、水着で楽しいマタニティライフを送ってほしいと思いました。また、当時かわいいマタニティ水着がまったくなかったのです。世間に対してもマタニティの人の出る場所を作ってほしいという思いから、マタニティエクササイズの普及とウェアー販売に努めていきました。

そして、マタニティ水着の売れ行きをみていると、大きいサイズの人が着る水着がないということでマタニティ水着を買っているという現状が見えてきたのです。大きいサイズの水着を本格的に企画していきました。

その後、姿勢を補正するインナー、男性用のコンプレッションインナー、ジャージ姿と呼ばせないおしゃれなジャージなど。手前味噌ですが、先駆け的な商品を企画製造し、本当によく売れました。どんどん忙しくなり、社員も増え、気づけば全国に出張に行くようになり、得意先も全国に増えました。

でもその時の私は、お金が回っているだけで、残っているのかどうなのかも必死すぎてわからなくなり、不安で自分が出したリュウナ号がどこに向かっているのかわからなくなってきました。ちょうど起業して10年経ったくらいだと思います。

私生活では子供が反抗期に入ろうとする頃で、子供に寂しい思いをさせるような環境になっていました。自分で商売をしたらいい時もあれば悪い時もあります。パートでもして少なくても安定収入があり、いつも一緒にいてあげられる環境のほうがよかったのではないか？　といつも申し訳ない気持ちでいっぱいでした。

創業当時からこうなる私の性分はわかっていたのに、やっぱりしちゃいました。

実は、弊社の名前の由来は子供の名前です。創業当時、自分を律するために、途中で自分が生み出した会社を放り出さないように、大事な二人の子供の名前をあわせてリュウナとつけました。

創業して、社長としても母としても無我夢中で走り回り、売れ筋商品が出てきて楽しくてしょうがなかったです。あらためて言いますが、私は起業してよかったと思います。というかその道しかなかったのだと思います。

創業当時の苦労話も書きましたが、大手取引先様で売り上げ上位の商品を企画して世に送り出せたり、市場になかった大きいサイズのフィットネス水着を出したり、マタニティ水着では十月付き十日の妊婦さんに負担をかけてはいけないとフリーサイズにしたりと、企画する楽しさ、売上を上げる楽しさ、実績もついてきて楽しくてしょうがなかったです。

お客様からもいい商品で着やすくて履きやすくてとてもいいとほめられ、大きいサイズの人はリュウナがなくなったら私の着る水着がなくなるから頑張ってね、と励ましのお声を頂き、また拘束されるのが嫌いな私は、自由に感性のまま生きられるこの株式会社リュウナが大好きですし、リュウナのおかげでわがまま娘といわれなくなりました（笑）。

自分で事業をするということは、自分で責任をとり完結させていくのであり、自由に生きられます。その代わりリスクもありますし、孤独でもありますが。

商売の厳しさとやりがいとは

２０１３年、事業をどうしていこうか悩みました。東北大震災は一人で立っていることに恐怖を感じる出来事でした。東京に営業所を出していましたが、すぐに締めざるを得なくなり、店舗がなくなっているので注文をもらっている商品を納品できない状態に。サラリーマン時代に阪神大震災も経験しましたが、サラリーマンといえどしんどかったです。日本中みんながしんどいので自分も堪えないといけない。でも堪える資金力のなさで取引先に迷惑をかけるかもわからない。会社の経営の怖さをこの時に本当に感じました。

起業して23年。大手企業にもまれて商売している零細企業の弊社は、大手がくしゃみをしたら弊社は肺炎になります。本当に何度も肺炎になって生き延びています。

この東北の震災からの10年は、どん底を見て這い上がってきたところで本社が火事。これは私事ですが、その翌年にコロナです。それでも生かされている弊社は、社会にまだ貢献できる可能性があると信じています。

これを書こうと思ったのは、今、私の子供たちと一緒に事業をしているのですが、この若い二人に商売の厳しさとやりがいを伝え残しておきたかったからです。もちろんこの本を読んでいる起業に興味をお持ちの皆様にも伝えたかったです。

誤解しないでほしいのは、起業をしないでということではない、ということ。それなりの覚悟をもち、自分のリスクで立ち上げるのであれば、楽しい事業計画を書いてください。

そして、私のこの20年の苦労、は大袈裟ですが、事業計画、実行の段階で、日々日々立ち止まり、自分の今いるポジションを確認して、無理をしていないか自分に聞いてあげながら事業を続けていたら、お客様がくしゃみしたら、肺炎になるようなことはなかったと思います。楽しい事業計画がしんどい事業計画に変わっていくのも経験しました。


これからの明るい話をします。

23年前に掲げた、美と健康のサポート事業をしていきます。
①運動②食べるもの③睡眠リラクゼーション
子供たちはそれぞれ経営者で、独立採算でやるようにレールを敷いていきます。どうぞ若い時に苦労をしてください。食品事業は、㈱免疫向上クラブを立ち上げました。

そして私は、今までのキャリアをフルに使って、大手お取引先様の売り上げに貢献できる商品企画を。またこの年だからできる自然療法の推進を。そして、肺炎にならない会社の基盤づくりを、この10年かけてしっかりしていきたいと思っております。

また、卸で注文がなかったら作れないということがないように、小売りを強化していきたいと思います。卸で得意先様に支えられて経営をしてきましたが、振り返るとリュウナの商品を購入していただいたお客様からのお声が一番元気をもらっていました。窮地に立った時は取引先様です。いい商品を作りたい工場様、新しい商品を発信していきたいという得意先様、本当に感謝しています。

また、パートナーとなる取引先様を作ってください。経営者は孤独なのでパートナー様と一緒に助け合えればなんとかなるものでございます。

このストーリーの中でいい時も悪い時も一部書いてきましたが、ジェットコースターみたいな人生を私は歩んでいます。でもその境遇を嘆くよりも、好きな仕事をさせていただき、成功も失敗も味わえることに感謝をしています。

自分の人生ですが、私は生き様はもちろんですが、死に様を意識して生きています。

私が死ぬ時にいい仕事をしたなと思える。取引先様や消費者の方にいい仕事をしていたなと思ってもらえる。今は大したことなくても、死ぬまでには何とかなるだろうと（笑）。

死に様を意識したら、１００年人生だからまだまだ時間ありますよね。

継承していきたいこと

この23年間を振り返って思うことは、いろいろな人に支えられてきたということです。その人たちを裏切りたくなくて、惜しい人間になりたくない。認められたい。感謝というよりは、その人たちの期待に応えることに必死で、その人たちに過度な期待をして裏切られたと拗ねたり怒ったり（笑）。

3章で書きましたが、事業することが怖くなった時、真剣に会社を手放すことを考えました。でも私は器用な人間ではないので、リュウナの営業以外何もできない自分に気づきました。そこからは、社長だからこうしないといけないとか、会社の売り上げを上げるために儲からない仕事でも受けるとか、誰のためにこんなに頑張ってきたのかなんかアホらしくなってしまったのです。自分が楽しく、おいしいものを好きな人と食べていけたらいいので、欲を出さず楽しくリュウナ号をゆっくり漕いでいこうと思うようになりました。

ある意味、私のいろんな欲や見栄を断捨離したら本当に仕事が楽しくなり、すべての人たちに対して感謝の気持ちがでてきて、いろいろな方が応援してくれるようになりました。自分の考え方次第で周りの空気が変わり、景色も変わってくるのだなと実感しました。

自分を信じて自分が生んだ会社を信じて、周りの人に感謝できる心の余裕をもつことを心掛ける。自分が幸せじゃないと周りの人を幸せにできない。お客様の喜びが利益となり返ってくる。そのことを忘れずに日々事業をしていたら、お客様が見える今の環境に幸せを感じるようになりました。

23年前、女性起業家として会社を立ち上げる時、母子家庭のため、会社で登記するための事務所（マンション）を貸してくれなかったのですが、地元尼崎で不動産業の女性社長の方がいて、その社長の物件（マンション）を貸してもらい、やっと会社の登記ができました。銀行にお金をもっていって会社の口座を作る時も、女性だからとすぐに作ってもらえず時間をかけられたという時に、その女性社長が銀行に乗り込んでくれたりと、本当にお世話になった方がいました。

私もその社長みたいに若い起業家を応援できるような人間になりたいと思います。

そのためにも会社経営を継続させて、２代目に継承していきたいと思います。

10年前にとても売れていたけれど小売店様の注文が少なくて作れなかった、ジャージ姿と呼ばせないジャージと、ぐぐっとインナーを２０２３年秋口からまた製造販売していきます。10年間ずっと、お客様よりお電話や問い合わせをいただいていたのですが、作っていないと謝っていた商品です。必死だった23年間。ここにきてやっと地に足をついて、今まで捨てないとすすめなかったことを拾って形にしていきたいと思っています。

２０２３年、念願のリュウナ健康サロンをオープンします。

ホルミシスルームをつくり免疫力向上してもらう。

免疫向上クラブの健康食品を販売します。

リュウナ水着やスポーツウェアーを販売します。

リュウナウェルネスツーリズムＲＷＡのツアーカウンターを作ります。

健康講座とエクササイズを定期的に開催します。

当社の理念は、健康と美を外側からも内側からも創り出し、「がんばる姿を美しく」することです。癒しのなかに体力の維持と健康維持をもたらすことを目指しています。

いろいろ書きましたが、私は株式会社リュウナを作って幸せです。

直接お客様の声をきき、事業ができることに感謝です。

事業を継承してくれる若い子を育てて、１００年続く会社にしたいです。

まずは30年ですね。楽しみです。頑張ります。

Message

あなたへのメッセージ

「超えられない壁は、
神様は私に与えない」と
自分に言い聞かせることで、
どんな困難も乗り越えられる！

小寺恵子さんへの
お問合わせはコチラ

株式会社gift 代表取締役
起業コンサル養成講座・ママコミュニティ運営

斎藤真千子

3度目の育休中にオンライン起業！10年かけて辿り着いた経験をビジネスに変えた起業物語

Profile

1987年、奈良県出身。化粧品会社へ就職するも、起業の土台作りのために、2012年株式会社リクルートへ転職。大阪、東京とヘアサロンの広告営業と集客コンサル、チームリーダーを経て10年目、3人目育休中に退職し、2021年7月起業。ママ起業講座「gift」を立ち上げ、翌年2022年7月に株式会社 gift を設立。現在は、起業コンサル養成講座「Classic」ママコミュニティ「colorful」を展開。

1日の
スケジュール

Morning

6:00 起床・瞑想

8:30 保育園送迎

9:00 cafeでワーク添削

10:00 個別セッション

12:00 ランチ

13:00 コンサル養成講座

17:00 保育園お迎え

21:00 お風呂・子供3人を寝かしつけ

22:00 就寝

Night

リクルートでの武者修行と1回目の育休

「いつか起業してみたい！」そう思っても、経験や知識が足りない。そこで選んだ道は、どこかで学ぶのではなく、株式会社リクルートに入社するという道でした。

すべての事業が右肩上がり、起業家が多く輩出されるリクルートに入り、その仕組みを実践的に学びたかったのです。やる気満々だったので、部署を決める時も「一番厳しいところに入れてください！」とお願いして、その希望通り、当時トップの成績を納めていた大阪に配属されました。

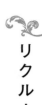

そこは、ヘアサロン経営のすべてが学べる場所でした。私の仕事は、ヘアサロンの検索・予約サイトの営業と、掲載しているヘアサロンの売り上げを拡大すること。そのミッションをビジネス素人の私がやることになったのです。しかも配属されたのは激戦区だったので、集客の難しいエリアで戦う経営者の方は、ビジネスの本質を理解している方ばかりでした。もちろんまったく歯が立たず、「担当変わって」と言われることも……。

そのとき、思ったのです。「とりあえず新人は、営業先に飛び込んで！」とかではなく、まず基本を学べるシステムが必要だと。当時のリクルートは、必要なことは現場で学ぶというスタイルでした。なので、新人は知識がないまま、がむしゃらに働くしかなかったのです。そこで、新人育成を任されたこともあり、入社当時に自分がやって欲しかったことをプログラムにまとめました。これは1年後、まったく売れなかった私が、個人やチームで売り上げ全国1位となり表彰されるほどの効果をもたらしました。さらに、このプログラムは今のビジネスに繋がることにもなったのです。

当時は全然売り上げが上がらず、「もう私にはできない」ってグレちゃって（笑）。まさか1年後に全国1位をとるなんて夢にも思わず、「もう辞めます」と部長に言いに行きました。ですがそこで転勤という道を提案していただき、千葉に異動することに。千葉では大阪で教わったことで結果を出し「お世話になった上司に絶対に恩返しする！」と、武士みたいな気持ちで挑みました。

そして、個人でもチームでも全国売上トップに。充実した日々の中で、「起業をしてみたい」という当初入社した目的を考える暇はありませんでした。そんな時、長女を妊娠したことが、大きな転機となったのです。

「この先、どうなるのかな……。キャリアは？　どうなる？」

さらに、不安とつわりのなか昇進し、２つのチームのリーダーになりました。嬉しいことなのに、妊娠初期の段階では辛くても周りに相談できず、我慢……。そんなストレスのなか過ごしていたからか、原因不明の低体重児として妊娠中もたくさんの検査をすることになりました。それでもなんとか日々をこなし、あっという間に産休に入り、長女を出産しました。

子どもが生まれたことで、仕事人間すぎた私にこんな穏やかな毎日がくるなんて……。児童館に遊びに行ったり、夕方にスーパーに行き旦那のご飯を作ったり。そんな毎日を過ごしていました。でも、ふと気付いたのです。

「私の顔って、ママだけの顔になってない？」と。それは、ちょうど全国転勤や人事が発表される時期に、上司が家に来てくれたことがきっかけでした。その上司が、とても輝いて見えたのです。一方、私は毎日家族に「まごはやさしい」を作る人。その出来事があって、翌月には保育園に入れようと保活を始めました。

「キラキラした世界に戻りたい」「自分の顔を忘れたくない」そう思ったのです。

ゆる起業に挑戦し、断念！ ２回目の育休

思い立ったら即行動するタイプの私。すぐに保活を始め、産後6か月で復帰しました。そこから人生で一番、周りに気を遣う日々が始まりました。子どもが月に何度も熱を出し、そのたびに頭を下げて、お迎えのためにヒールで走って。長女が中耳炎になったときは、特に大変でした。住んでいた地域には病院が1箇所しかなく、2時間待ち。薬局も2時間待ち。オフィスにいたのは2時間だけ、みたいな日が何度もありました。

「ここまでして、キャリアを追い求める意味は何だろう？」

「他の働き方を、考えないといけない」

そう感じました。でも、長女が保育園に慣れ、私もワーママとしてうまく立ち回れるようになってくると、その気持ちを忘れ、またいつもの忙しい日々に戻っていきました。

そんななか、私たちの仕事の花形である、全国で一番売り上げが大きい街、東京でリーダーをさせていただくことになったのです。そこでやりがいのある面白い仕事をたくさん経験し、そろそろマネージャーに上がれるかも！という絶妙なタイミングで次女の発覚。長女に続きステージアップのタイミングで、新たな命を授かることとなりました。この意

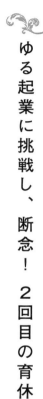

味とは…。それから長女のときと同じように、産休に入るまでなんとか仕事をこなし出産。そして2度目の育休に入りました。

1回目の育休と全然違ったのが「何かをやってみよう」と思う余裕があったこと。焦りのようなものはなく、とことん好きに向き合う時間にしたのです。大好きなネイルやアクセサリー作りをして、委託販売やお友達に作っていました。

そんな風に何かをやってみようと思えたのには、きっかけがありました。それは次女を出産した病院で同じ時期に出産した、ある整体師のママさんに出会ったこと。集客に悩まれていたので、インスタグラムのサポートをしてみたのです。そしてブランディングや集客のためのリサーチ中、地域のママ友作りコミュニティーを見つけました。そこにいたママたちは、育休中に好きなことで活動し、ママ以外の顔も持っていて、とても輝いて見えたのです。

この環境に刺激を受けて、好きなアクセサリー作りを始めて、インスタグラムでも販売を始めてみました。でもそんなに簡単に売れるはずもなく、フォロワーが15人くらいしかいないのに、売れないからと言って値下げしたり（笑）。それでも売れなかったので、カフェやマルシェに置いてもらったこともありました。

しかし、そういうところに置いてみても、委託料が高くて売上が相殺されるし、壊れたものの修理もあって「もうハンドメイド厳しすぎ！」となって。

この時は、リクルート時代のマーケティングなどの知識は、まったく応用していませんでした。趣味みたいなものだったので、これを本格的なビジネスに展開しようとは、まだ考えていなかったのです。なので完全に素人感覚でした（笑）。

他にも友達のハンドメイド作品とコラボしたり、ＬＩＮＥライブでゲリラ販売をしたり、いろいろと試したのですが、売上はマックスで10万くらい。「これは、無理だ！」と思って、職場に復帰することにしました。

でも、好きなことを仕事にしてみて、本当に楽しかった。

このときの喜び
このときの充実
このときの仲間との日々
心と時間のゆとり

一歩踏み出し、コミュニティーに入ることで知ったこの新しい世界を、復帰後も忘れることはできませんでした。

今度こそ！　本気で起業した3回目の育休

職場に復帰した直後、コロナ時代に突入。もうカオスです。いきなりオンラインになり、画面越しでクライアントさんの対応と、会ったこともないメンバーの育成をすることになりました。さらに集客がうまくいっているところの分析もして、どうにかクライアントさんが売り上げを上げられるように、日々取り組んでいました。

でも、楽しかったあの時間が忘れられなかった。だから、それだけ忙しいのに転職活動を始めました。とにかく仕事を減らして、ハンドメイドのように熱中できるものに時間を割きたくて。お給料は下がってもいいから、フルリモートでできる仕事を探しました。そして転職先が決まり、「辞めます！」と言った次の週に、まさかの第三子発覚…。またもやステージが変わるタイミングでした。考えた末、退職を撤回し残ることに。そんなとき、インスタグラムでママ起業家のロールモデルを見つけたのです。

その方は、元リクルートの妊婦さん。コーチングをやっていて、自分とすごく似ている条件で結果を出していました。「私もちゃんと起業できるかも！」と思えた瞬間でした。やっぱりSNSの出会いって大きいですね。その発信があったから、私は救われて、毎日の発信に勇気をもらっていました。

そこから、つわりが明けたと同時に起業スイッチが入り、「やるぞ！」と決めました。今回はワーママ時代の苦しさと、ハンドメイドでの中途半端なビジネスの両方を知っていたので、またそうならないために本気でやらなければと、決意しました。

今までの経験で、実店舗やハンドメイドの大変さを知っていたので、今度はオンラインで無形でできるリスクの少ない形で始めることにしました。

でもこれは未知のジャンル。独学でやることのリスクも、リクルート時代に身をもって経験したので、ママのための起業塾に入ることにしました。ところが、なんの武器も持っていない状態で起業塾に入るのが怖くて。興味のあったタロットを2か月かけて、最後は臨月の状態で資格をとりにいきました。タロット×コーチングで起業するため、起業塾が始めるまでの期間、ママ友にたくさんセッションの練習をさせてもらって、それが楽しくて楽しくて。

そして始まった起業塾。そこでは、20分の個別コンサルがついていて、その時言われた一言で、人生が変わったのです。

「全然タロットじゃなーい！　斎藤さんは、才能戦略コーチで行こう！」

そこで、今のビジネス、株式会社giftに繋がる商品を作ることになりました。

その起業塾では、20分だけでは方向性が固まらないママが多く、起業まで進むことができない人が80人くらいいました。それもあって、才能と経験で商品を作り、軌道に乗るまで伴走する、この商品を作る決心をしました。

その起業塾に入るには、大きな金額が必要だったし、それだけ覚悟を持って起業したいって思っているママがこれだけいる。でも一方で、うまくいかない人がたくさんいるのを見たときに、私がリクルートで学んできた方法で救える人がいるかもしれないと思ったのです。それまでは好きなことをやろうとしていたけれど、求められていることをやってからにしようと決めました。

それから、リクルートで身につけた様々なことを棚卸ししました。マーケットや人、時流の読み方、目標からの逆算計画法や構築法。それを、全体を俯瞰しながら行い、商品設計をし、世に出していく。その私なりのやり方を、一気に一晩で書き出して「一旦これで行こう!」と商品を作りました。

やっぱり経験には価値がある。「経験してきたことが、ビジネスになるよ!」って伝えているのは、自分がそうだったから。でも自分の経験の価値って、自分では気づけないことが多いと思うのです。私がリクルートでの経験の価値に気がついていなかったように。

みんな宝があるのに、宝じゃないところを探してしまう。目の前に宝があるのに、宝はこれじゃないって思ってしまう。できないことにばかりフォーカスしてしまい、「起業するには資格や、特殊な才能がないと！」と思ってしまう。

だからまず、自分を知ることからお手伝いしよう。そして、ビジネスの本質を学びながら、「あなたの強みはこれだよ！　これを活かして仕事にしていけるよ！」というのを一緒に見つけて、商品として世に出せるような仕組みを作る。そんな私の商品が出来上がったのです。


「起業したい！」と思い始めて約10年。やっとここまで辿り着きました。

ママだからと、諦めないで

私はチャレンジャーに見えるかもしれませんが、実はリスクヘッジ型です。今までの起業に向けた挑戦は、全部育休中にやっていて、いずれも子どもがいて家族の生活を脅かさない範囲で挑戦をしていました。もしうまくいかなかったら、会社員に戻れるように。3度目の育休中も、このまま続けられるのか、会社員に戻るべきか迷っていました。

そんな時、ある方からコラボライブのお誘いをいただいたのです。そこで講座生さんがたくさん入って来てくれて、さらに会社員のお給料を超えることができました。「これは復帰とか言っている場合じゃない！」と、そのあとすぐリクルートを辞めることにしました。

これがリアルな私の起業。

やってきたことは、その辺りにいそうな普通のママと同じ。ワーママ時代には、子どもが熱を出す度に頭を下げたり、ヒールで走ってお迎えに行ったり、好きなハンドメイドを仕事にしても上手くいかなかったり。そしてその経験から、3度目で「本気で起業する！」

と決意し、夢を叶えることができました。一つひとつの出来事に向き合って、乗り換えてきただけの、今なのです。

こうやって振り返ってみると、改めて起業って凄いなって思うのです。自分にも向き合うし、過去にも未来にも向きあう。会社員をやっていると気づくことがなかったことに気付けて、人生が豊かになる。

もちろん、辛いことがないわけではないけれど、そのぶん目を輝かせられる。それは自分の人生を自分でコントロールできるから。

だから起業してみたいという思いがあるのなら、「今は無理」と諦めないでほしいのです。自分はどうしたいのかを、後回しにしないでほしい。

でも自分の本音って、ある意味見たくない、知りたくない。自分の声に従って生きるのは楽な道かというと、そうではないから。

でも私は、自分の声に従って生きる楽しさを知り、それをみんなが再現し輝いているのを見ているので、もっとそれを広めていきたい。

ママになると、自分を後回しにしがちですが、人生は一度きり。
私のこの経験が「本当の自分はどうしたいのか」立ち止まって考えるきっかけになったら、とても嬉しいです。

人生が輝くビジネスは、もうすでにあなたの中にあります。
だからママだからと、自分を後回しにしないで、
自分の声を聞くことから、始めてみてください。

Message

あなたへのメッセージ

「本当の自分はどうしたいのか」
立ち止まって
自分の声を聞いてみてください。

斎藤真千子さんへの
お問合わせはコチラ

株式会社ウィル・ユウ 代表取締役
飲食事業／キッチンカー事業／鳥グッズ事業

佐藤ゆかり

36歳で働いた バニーガールから 全ては始まった！ 好きなことを仕事にした 自分らしい生き方

Profile

1969年、京都府生まれ。大学卒業後、建築関係の設計に携わる。その後、商社の営業職に就き、全国を飛び回るように。会社を立ち上げ、役員に就任するもトラブルで借金を抱え、返済のため年齢を偽りバニーガールのお店に入店。37歳で他店の店長に就任、39歳で雇われママになり、1年後に祇園 WILL を開業。美容サロンを含め最大4店舗を経営する。2013年（株）ウィル・ユウを設立。コロナ禍を機にキッチンカー事業に参入。鳥事業も含め、SNS で毎日配信中。

1日の
スケジュール

Morning

11:00　起床・ストレッチ

12:00　小鳥放鳥タイム　カフェタイム

14:00　打合せ　事務作業

17:00　出勤準備　夕食

20:00　お店開店時間

1:00　お店閉店時間

3;00　帰宅　お風呂

4:00　就寝

Night

借金を抱えた36歳のバニーガール

短大を卒業後、内装会社のデザインや建設業の設計などに携わりましたが、24歳の時に営業職に憧れ、商社に転職しました。もともと私は、吉本興業に入りたいと思っていたくらい人と話をすることが大好きでした。学生のときはオーディションを受け、いろんなテレビ番組に出演していた経験もあります。なので、営業職は天職でした。

のちに小さな商社を起業して、専務取締役になりました。東京から九州までプロジェクトのある地域に出向き、開発営業をするなか、初めて行く土地で知り合いを増やして営業をすることの楽しさに目覚めていきました。

ある時、大きなプロジェクトが福岡で計画中と知り、飛び込み営業で某役所に行ったときの事でした。どこの部署に行こうかと迷っている中、ある方が声をかけてくれたのです。

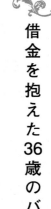

その方との出会いが、その後の私の仕事や生き方に大きな影響をもたらすことになります。

その方はとても顔の広い役職のある方で、業界大手の方々を何人も紹介してくださり、普通の営業方法では会えない方にまでお目にかかることができました。紹介で訪問しているので、その方の迷惑にならないように必死に営業方法を考え、感謝の気持ちを毎日持って謙虚に頑張りました。

その方からの紹介で営業にいくと、またその訪問先の方から数珠つなぎのように別の方を紹介していただき、人の出会いとご縁の深み、営業職の底知れぬ可能性を学びました。この時の営業スタイルが今の自分を形成し、成長し続けられる原点になっています。

チャンスは毎日どこかにあります。諦めて行動しなければ、そこまでです。

営業職は毎日何人もの人と出会うことができ、タイミングとご縁で一人の方からどこまでもご縁が繋がります。ただ忘れてはいけないことは、今の自分の現状がある「元」です。調子が良い時、物事が上手く進みだし、月日が経つと人は一番大事な「元」を忘れてしまいます。「元」とは言葉通り、始めや根本、物事の始まりです。この「元」に対しての感謝の気持ちや有難さを忘れてしまうと、ご縁は薄くなっていきます。だから私は、何年に1回かのペースでこの「元」となる方々に会いに行くことを心掛けています。

36歳の春、12年間各地を営業で回っていた生活が一変しました。資金繰りができなくなり、多額の借金を抱えてしまったのです。いろんな問題を抱え、弁護士事務所に行った帰り道、カフェで求人情報誌を手にしていました。とにかくお金が必要でした。今すぐにでも働こうと思い、いろんな業種や時間帯の仕事を探し、さまざまな面接を受けました。

その結果、すべて採用され、５つの仕事をかけもちすることになりました。新しいステージの始まりです。この際、いろんな事にチャレンジしようと思いました。この時のチャレンジ精神と何事も諦めなかったことが、後に今のお店を開業するきっかけや出会いに繋がっていくとは、この時は思いもよりませんでした。

５つの仕事で多くの出会いがありました。①車が大好きな私は、スーパーオートバックスでオイルとバッテリーの研修を受け、各地の店舗で販売をしました。当時、いろんな車のバッテリーを測るのが楽しかったのと、実はお店の赤いはっぴを着て働きたいと思っていたのです。②チャイナレストランでチャイナ服を着て、ワゴンをひきながら接客。チャイナ服を着たかった。③宴会コンパニオン、各種宴会や展示会場の受付。④祇園のスナック、宴会コンパニオンで出会ったママさんのお店でお世話になりました。⑤ガールズバーでバニーガール。36歳でバニーガールなんて大丈夫かと少し不安になりましたが、試着をすると意外と大丈夫でした。面接に行った中で、このお店が一番思い出深いです。

求人情報誌を見ている中で「バニーガール募集、年齢30歳迄」の文字が目に入りました。すぐに電話を入れて面接に行き、実際は36歳なのですが……30歳と年齢を偽ったのです。ところが面接後、次回、身分証明書を提出してと言われ、エレベーターで１度は１階まで降りたのですが、店長にだけは実年齢を伝えようと再度エレベーターを上がり、本当の事を伝えました。そして翌日から6歳年齢をごまかして働き始めました。

当時の店長には本当に感謝しかないです。年齢詐称の件で不採用になっていたら今の人生とは違う道だったと思います。バニーガールのお店が今の原点となりました。

年齢的にも30代は一人だけで浮いていましたが、お客様に喜んでいただけるように最善を尽くしました。長いカウンターのお店でお客様の前に座るのですが、お客様との会話が毎日楽しく、時間はすぐに経ちました。この時に一番学んだことは、女の子が働いていて楽しいと思う気持ちがそのままお客様に伝わり、お店の空気となって良いお店作りができるということです。営業職の時も一緒で、私は毎日楽しんで営業をしていました。営業先のお客様にも言われることが多く、実際、多くの受注をいただくことができました。

いかにして仕事を楽しくするか。自分だけではなく、スタッフも同じ気持ちでなければいけません。それができれば売上に繋がります。少しでもスタッフの気持ちになること、思いやる気持ちを心がけることで、働きやすい空気になるのだと思います。

コスプレ好きの私は借金を抱えたお陰で、今までやりたいと思っていた仕事や興味がある仕事にチャレンジすることができました。どんな状況でも最後まで諦めずに、チャレンジ精神で頑張れば、誰かが見てくれています。そして次のステージへいけます。

仲間との再出発、最大4店舗の経営者に

バニーガールをしながら、5つの仕事を掛持ちしていた時、木屋町のお店から声をかけていただきました。今度はバドワイザーガールのクラブで、キャプテンという名のママ的な立場でした。このお店で3年間頑張りました。大きな店舗で開店から閉店までのすべての工程、接客、会計など水商売のノウハウを勉強させていただきました。

39歳になった私は流石にコスプレの衣装もきつくなり、ちょうどその時に祇園でママを探しているというお店から声がかかり、雇われママになりました。

この文章だけ読むと、トントン拍子で運が良いように感じられますが、運だけではなかったと今になって思います。なぜなら、いつも一生懸命だったからです。その時その時のシーンで、今最大にできることを自分なりに頑張ってきました。当時の目標は、とにかく普通に暮らせること。それだけを考えていました。

両親と同居していたので、生活の異変にはもちろん気づかれます。借金があり、大変な状況だということは木屋町で働いていた時に報告をしました。また、夜のお店で働いていることは祇園でお店を任された時に報告しました。父も母もどんな状況でも応援してくれ

て力になってくれました。人生最大に頑張れたのは、家族の協力と愛があったからです。人に裏切られ、生活が一変して落ち込んだ日もありました。でも、どんな日でも朝がきます。朝起きたら母は毎日美味しい食事を作ってくれていました。自分のことよりも私のことを一番に考えてくれて、両親から愛情をいっぱいもらいました。

平常なら気づかない、当たり前な毎日が平常でなくなった時、物事の価値観が変わりました。健康で毎日過ごせていることが最大の幸せだと心から思えるようになりました。朝起きた時、あの美味しい朝食を食べて涙したことが今でも忘れられません。

39歳の2月、雇われママのお店が開店しました。チャイナレストランで先輩だったスレンダー美人のT子ちゃんが毎日出勤できることが、お店を開店した大きなきっかけになりました。実際T子ちゃんがいなければお店を開店していなかったと思います。

しかし直前にトラブルが発生！　開店前日にオープニングスタッフの女の子2人が断ってきたのです。祇園ではない他のお店にいると後から知りました。残念ですがこの人達とはご縁がないと気持ちを切り替えて、無事にお店を開店することができました。

祇園のお店では、新規のお客様に来ていただけるように全員一丸となり頑張りました。雨の日も風の日も雪の日も、後にチーママとなるCちゃんと一緒にお客様が来られるまで外でキャッチを頑張りました。あるノーゲストの日、仕事を先に終えた女の子がお客様となり、お店の売上に貢献してくれて感動のあまり涙する日もありました。

しかしながら雇われママでは自分の思う営業とサービスはできません。1年で区切りをつけ、自分のお店を開店することにしました。と言っても資金も最小限しかなく、女の子達にも「3か月お店の赤字が続けば閉店します。その時は新しい仕事を探してください」と伝えての開店でした。さすがに何人かは辞めるかという思いがあったのですが、全員ついてきてくれました。名前も当時大学生の女の子からの提案で、「決意」「意志」を持って皆で頑張ろうという思いで「WILL」と決定しました。

40歳の2月、「祇園 WILL」の開店です。お店の形態はラウンジで、カラオケのない落ち着いた雰囲気です。常連様からカラオケの要望があるなか、開店から9か月後、同じ階の店舗がタイミングよく空きました。それを機に3か月だけカラオケのお店をしてみようと2店舗目「WILL-K」を開業した結果、2店舗ともコロナ禍を乗り越え継続しています。

その後、3店舗目スナック「祇園エリシム」。また、まつ毛エクステサロンを開業し、最大4店舗まで展開しました。すべての事業を法人化、2013年10月、(株)ウィル・ユウを設立。現在は「WILL」「WILL-K」の2店舗を営業しています。

どれだけ最善をつくしても一人では限界があります。

健康で元気で過ごせていることに感謝。出会いとご縁と感謝。

『チャレンジ精神』で窮地を乗り越える！

２０２０年2月、WILL 10周年記念パーティーを、ウェスティン都京都ホテルで開催しました。新型コロナウイルスのニュースがパーティーの数か月前から流れていました。半年以上前から準備を進めていたので、もし中止になったらと不安な日々でしたが、幸いにもパーティーは無事開催され、１８０名様の方々に参加いただき大成功となりました。

その翌週ぐらいから全国で感染者が増えだし、世の中がコロナ禍で一変していくなか、お店も約1年半休業することになりました。恐らく、パーティーの開催日が1週間遅かったら開催できなかったと思います。

ニュースでは「夜の街から感染」という「夜の街」がキーワードで毎日報道されました。このままでは飲食業業界、特に私達のようなお店の形態は終わってしまうかもしれないという危機感から、休業中にコロナ後の事業形態をどのようにするべきか毎日考えました。

店舗型はもう無理かもしれない。非接触で触れ合うことが少ない業種を考えた末、キッチンカーが頭をよぎりました。その後、大阪をはじめとしたいろんな地域に説明会を聞きに行きトラックを見に行きましたが、最終的にはネットで調べてたどり着いた社長にご縁を感じて、一からキッチンカーを制作することになりました。

何も分からないので、毎日調べて勉強しました。何が流行りで何が売れていて、どういう形態でいくのか。未知の世界でしたが、今後「夜の街」がどのようになっていくか分からない中、違う業態の仕事を見つけられたことに毎日生きがいを感じられて頑張れました。

キッチンカー製作にあたり、国の補助金にチャレンジしました。この際、精一杯頑張ろうと計画書を作成すると、採択されたのです。コロナ禍でお店を休業して不安になった日もありますが、コロナ禍だからこそ新しい事にチャレンジすることになり、補助金が採択されたことによって今後の生き方に自信が持てました。

２０２０年5月からトラックを探し、改造部分の詳細を打ち合わせして、キッチンカーのデザイン、名前を決定し、11月に開店する予定になりました。開店するまでの半年間は、お客様に自分の元気な姿を見ていただこうとYouTubeチャンネルを開設しました。コロナ禍について語ったり、キッチンカーができるまでの過程を撮影し紹介したり、日々のたわいもない日常を皆様に見ていただきました。

キッチンカーは「マダムのキッチンカー」と名付けました。開店場所はお世話になっている方が貸してくださり、まずはその場所で出店させていただくことになりました。他の出店場所はネットで検索をし、営業が大好きなので、いろいろな場所に出向き、出店先を決めていきました。また Instagram を作成して、SNSも大いに活用しました。

メニューは唐揚げやポテト、アイスブリュレクレープ、苺氷、他にも季節ごとに内容を変えられるようにトラックを大きめにしました。仕込みはすべて姉にお願いして、販売も姉夫婦に手伝ってもらい、家族の協力なしでは何もできませんでした。唐揚げ以外の商品は、キッチンカー製作会社の社長にアドバイスを頂いたり、取扱商品を紹介していただいたりしました。未知の世界のお仕事でしたが、短期間でいろんな方々の協力のもと開店に向けて着々と準備が進んでいきました。

２０２０年11月、マダムのキッチンカーを開店。開店の時は横浜から姉も手伝いに来てくれて、たくさんのお客様に来店していただき、唐揚げを完売することができました。

出店先は地元の商業施設や道の駅、そして大学、春や秋の季節の良い時期はイベントやフェスにも参加をして、休憩が行けないぐらい行列ができました。キッチンカーのおかげで新しい出会いがたくさんあり、夜のお店とは違う接客の楽しさを学べました。現状は大きなイベントのみの出店ですが、今後は出店日を今以上に増やしていく予定です。

コロナ禍でピンチになり新規事業にチャレンジ。そこで見えた人々の優しさと出会い、そして経験できなかった数々の出来事。正に大きなピンチは大きなチャンスです。

好きなこと、楽しいことを事業にする

2023年に入り、すごい時代に生きていると日々感じています。このコロナ禍で世の中の流れが変わり、当たり前なことが当たり前ではなくなり、異業種のお仕事に事業転換された方も多いと思います。一つの時代が終わり、新たな時代に突入したのではないでしょうか。

昔は勉強を頑張って良い大学に行き、大手に就職して定年まで頑張り年金をいただく、という流れでした。しかしこれからの時代を生き抜いていくには、勉強ももちろん大切ですが、強い心とコミュニケーション能力があればより一層生きやすくなると思います。

なぜならば私自身、勉強が苦手で成績が悪かったのですが、強いメンタルとコミュニケーション能力を最大に活かして、荒波のように何度も何度も押し寄せてくる大ピンチを乗り越えてきたからです。

昔から個性が強い、宇宙人みたいだと言われ、自分で納得もしていました。振り返ってみても、人とは遊び方が違い、いつも皆と違う方向を見ていたと思います。そして目立ちたがり屋でもありました。この個性を両親は見抜き理解して、勉強という形に縛らずに自

由にしてくれました。このことが、今の自分を形成しているのだと思います。

小学生の頃、絵を描くことが大好きで、漫画家になることが夢だった時期がありました。両親の似顔絵をいつも書いて皆で爆笑したり、漫画を作成して才能があると褒められたりもしました。両親はいつも頑張ったら褒めてくれることが多かったです。子供の時に、「頑張ったら褒められた」という経験は、成人してからの「頑張れば何とかなる」という自信に繋がり、すごく重要だと思います。

また、強いメンタルは自分で訓練することで鍛えられます。生きていると誰でも辛いことや悲しいことが起きます。悩んで解決するのであれば時間をかけて解決方法を見出せば良いのですが、経験上ほとんどの悩み事は一周考えてまた戻る、の繰り返しです。

ある時、その時間がすごく無駄に思えました。解決方法は頭を切替えるのです。簡単ではないのですが、自分の頭の中で引き出しを作るイメージで、次のことを考えるようにするのです。この年になると頭の切替え時間が短くなってきました。その分楽しいことばかりをイメージをして考えられるようになれば、自然と仕事に繋がることが多いです。

コロナ後の先行きが見えないこの時代だからこそ、一人一人が個性を見出して得意分野で活躍できる何かを見つけられたらと思います。

２０２３年の新規事業ですが、今回も好きなことを事業にする予定です。私はペットでインコを4羽飼っています。その中の大きめのインコ2羽、オキナインコのくうちゃんと、シロハラインコのランちゃんをキャラクター化、デザインをして鳥グッズを販売予定です。

実は去年から土台作りを始めており、お買い物サイトのホームページを作成したり、Instagramでフォロワーさんを増やしたり、デザインを考案し試作品を作成したりと、少しずつ進めてきました。インコ達のことが好き過ぎて、少しでもインコ達と一緒に過ごす時間を増やすためにこの事業を思いつきました。

基本的にはネット販売の予定ですが、月に1回祇園のお店をカフェにして「鳥グッズWILL」を営業予定です。現在の試作品は焼物でインコの置物や箸置きがあります。ブランド化し、くうちゃんのK、ランちゃんのRを取り「K&R」でTシャツやタオルも考案中です。SNSを大いに活用して、Instagramやtiktokのライブ配信でインコ達も出演をしながら商品を紹介し、新しくインコ専用YouTubeチャンネルも製作予定です。

インコ達は平均30年から35年の寿命です。飼い主が80歳を過ぎてしまうので、何かあった時のためにインコ貯金をしているのと、自分が病気になったらお世話ができなくなり大変なので、日々の食生活から生活習慣まで今まで以上に気を付けるようになりました。1日でも長くお互いに元気に過ごし、インコグッズを販売してインコ達と楽しみたいです。

好きな事を事業にできるように、日頃から楽しいことを考えながら生きましょう。

Message

あなたへのメッセージ

大きなピンチこそ
大きなチャンスです。
頭を切り替えて
楽しいことばかりを
イメージをしよう！

佐藤ゆかりさんへの
お問合わせはコチラ

株式会社鬼喜 代表取締役
小料理バー・寿司ケーキ専門店運営

佐藤有喜

20代最後に
覚悟を決め、
コロナ禍にも関わらず
開業！
メディア取材が殺到した
「寿司ケーキ」
誕生秘話

Profile

1990年、秋田県生まれ。高校卒業後は箱根の仲居業に従事。2020年29歳の時に完全紹介制の「小料理バー鬼瓦」を東京八丁堀にオープン。コロナ渦のオープンにもかかわらず、開業初年度から黒字化達成。31歳の誕生日にプレゼントされた手作りの寿司ケーキをみて可能性を感じ、2022年5月に東京初の寿司ケーキ専門店「No.Sushi」を銀座にオープン。同年12月には上野マルイ店、翌年2月に松屋銀座、7月には日本橋三越に催事出店を果たす。今後は冷凍寿司ケーキを全国・海外に展開予定。

1日の
スケジュール

Morning

7:00 起床
スケジュール確認
掃除

8:00 寿司ケーキ「No.Sushi」の仕込

11:00 2店舗　売り上げ確認
前日のお礼連絡

12:00 運動　ボクシングジム

13:00 昼食

14:00 新規事業打ち合わせ　事務作業

15:00 小料理バー鬼瓦 営業

22:00 営業終了

24:00 就寝

Night

目標には期限をつける

1990年8月29日、私は秋田県の大曲という花火が有名な町に生まれました。根っからの料理人で堅気な父と、パートをいくつも掛け持ちして家族を支える天真爛漫な母、容姿端麗・運動も得意でクラスのリーダー的存在の姉、対照的に引っ込み思案で勉強も運動も不器用な私の4人家族でした。

今では私は起業家で、たくさんの友人知人がいて、毎日が充実していてまさに『リア充』のように見えるかもしれませんが、学生時代は心に大きな傷を負っていました。中学生時代にはクラメイトからの無視に始まり、体操着が切られて着られなくなってしまったり、ネームプレートを黒く塗りつぶされていたり……親にも先生にも相談できず、学校に行くのが心底いやになってしまいました。

そのうちにクラスでも目立たないようにし、友達に嫌われないよう振る舞い続けた結果、いつしか本当の自分の感情がわからなくなってしまい、迎えの車の後部座席で声を殺して泣きながら帰宅するようになりました。休み時間、ひとりで過ごすようになった私は、人間観察をする癖がつき『このひとはこれがされたくないんだな』、『この言葉をかけてほしいんだな』『この人と仲良くしたいんだな』と相手の心を読む訓練を始めました。そういった出来事が飲食店を経営する糧になったとも言えますが。

高校卒業後は父の背中を見て育った影響か、まずは親元を離れて飲食の道で自立しようと思い、箱根の旅館に就職することに決めました。仲居業というのは朝5時に起きてお客様の朝食の準備から始まり、中抜け休憩をしたあと、17時から22時過ぎまで業務に励むのですが、何年たっても手取りのお給料は20万円に届かないうえに、やりがいも見出せず、悶々とした4年間を過ごすことになってしまいました。

せっかく秋田から箱根まで出てきたのに、ただ時間だけが過ぎていく環境に苛立ちと焦りを感じ始めたころ、独立するにも東京でお金を稼ぐことが先！　と思い、未経験でも就職できる東京の不動産の営業職に転職をすることに決めました。

ですが、そこでは人間関係に苦労してしまい、結局は長続きしませんでした。その後、ＩＴ人材や建築材料の営業職を転々とするのですが、学生時代のトラウマから自分に自信が持てないゆえに営業成績がのびず、極度のプレッシャーから円形脱毛症を患ってしまいました。医者に行くと鬱症状の診断を下され、ひどいときは思うように言葉が発せなくなってしまうほど。向いていないとわかれば無理をして続ける必要はないのに、当時は自分の居場所はここしかない、と思い込んでしまっていたのです。

思い描いた東京での華やかなＯＬ生活のギャップと、ただただかっこ悪い自分自身に嫌気がさしてしまっていたころには、すでに29歳になっていました。秋田から箱根・東京に職場を変えたものの、なにも結果をだしていない自分に「今が本当に最後のチャレンジだ」と思い、なにがなんでも絶対に30歳までに独立する、それができなければ秋田に帰るということだけをこのときに固く決意したのです。

ですが、29歳から30歳へのカウントダウンがはじまったのが２０２０年、世間でコロナウイルスが騒がれ始めているときでした。営業職を辞め、アルバイトで生活資金を食いつなぎながら飲食店オープンにむけて動き始めたのですが……。

物件の内見、初めての融資相談、書いたこともない創業計画書、メニュー試作や屋号決めなどすべて無知の状態、０からスタートしたのです。開店資金を試算すると２７０万円の物件契約金、６００万円の内装費用、１３０万円の運転資金、合計１０００万円の開店資金に対し、準備金額はたったの３００万。７００万円の融資希望額は５００万まで減額され、残り２００万円はどうしても必要な額だったのですが、コロナ禍で他からの融資からも時間がかかると言われ、他の融資先に相談しても答えは同じ。やはり腹を決めて開業にこぎつけようとしても、コロナ渦で内装屋が動けない。次から次へとくる至難にやっぱり私には独立することなんてできないのかと諦めかけました。

　そして、不足分の２００万円はどうしようもなくなり、消費者金融2社から借りてしまったのです。なにか別の方法で穴埋めはできないかとネット検索したところ、クラウドファンディングのサイトに出会いました。藁にも縋る思いで飲食店開店支援プロジェクトに投稿すると、私の思いを紡いでくれた51名の方から総勢２６０万円ものご支援を頂き、29歳最後の夏に無事に開業にこぎつけることができました。

　店名は〝鬼瓦〟。家の屋根の棟につける厄除けの意味をもちますが、私はお店とお客様を守っていくという思いからその名をつけることにし、実際に鬼瓦がお店の入り口に飾られています。

　そして、２０２０年の8月6日のオープンには、10坪の小さなお店に友人や取引先のみならず、クラウドファンディングでご支援いただいた方からのお花で入口も店内も一杯になりました。

寿司ケーキとの出会い

私が経営者になってから意識していることがあります。それは〝逆風が吹いているところには追い風が吹いているところがある〟ということです。コロナ禍でいえば、外食産業がダメージを負っているころ、配達に特化したデリバリー店は儲かる。これをコロナ禍でオープンした小料理バー鬼瓦に置き換えて考えました。

新規のお客様を増やしたい気持ちを抑えて、コロナ禍に安心して来られるお店になるように、あえて完全紹介制にしたところ、客様の層も安定し、ランチ営業を行わず15時からお店をオープンすることによって、早く食事して早く帰宅したいという人にうまくマッチした形となりました。結果的に客単価ＵＰにつながり、ランチの人経費を抑えることができ、今に至るまで黒字をキープし続けることができました。

そして、売り上げも安定した2年後の２０２２年8月。社員が増え、会社として登記したことをきっかけに今後の展開を考えました。女性でも入りやすい立ち食いの稲庭うどん屋さんをやろうか、同世代の女性が日替わりママで切り盛りするスナックをやろうか……と日々模索していたころのこと。

私の誕生日の時に、お祝いとして出てきたのが〝お寿司でできたケーキ〟でした。見た目はまるでケーキのように華やかだけど、使用されているのはお刺身と酢飯。私が甘いものが苦手だということを知っているスタッフが手作りしてくれたもので、どこで買えるのか尋ねたところ、『販売している店舗はなく手作りした』と。

その瞬間、まさに雷が落ちたような感覚を覚え、これは甘いものが苦手な人だけではなくて、小麦粉アレルギーの人やグルテンフリーの生活をしている人にはむしろ必要なものになるのでは⁉ と思い、すぐに商品開発を始めることにしました。

はじめはお花型のお刺身がショーケースに並ぶと乾燥してしまい、黒いお醤油では華やかな見た目を損なうという問題がありました。そこで見た目を保ちながら味もより美味しくするために、白醤油ジュレの開発をはじめました。白醤油ジュレを上から塗布することにより乾燥を防ぎ、まるでタルトのキラキラ感のような見た目も華やかで味もちゃんと美味しい寿司ケーキを作ることができました。

また、当初花形の刺身の下は酢飯のみだったのですが、それでは味の変化がなく、お米だけ残す人が続出してしまいました。そこでご飯の層を上から酢飯の層・錦糸卵&胡瓜の層・五目御飯の層にすることによって、最後まで味と食感の変化を愉しんでいただくことができ、皆様に最後まで寿司ケーキをお召し上がりいただけるようになりました。

もちろん鬼瓦の営業と並行してオープン準備を進めたので、休みなく朝から晩まで働き続け、体力的にはギリギリでした。ですが、それよりも寿司ケーキが世の中に広まっていくのを想像するとワクワクが止まらず、自然と体がついてきました。

そして思い立ったらすぐ行動、失敗は修正していくというスタイルで、寿司ケーキに出会った9か月後の2022年5月に銀座1丁目、歌舞伎座から歩いてすぐの場所に寿司ケーキ専門店〝No.Sushi〟をオープンすることができました。

ところが現状はずっと赤字続き。そもそも『寿司ケーキって寿司なの？　ケーキなの？』という質問に答えるところからはじまり、オープン後は夏場にさしかかっていたので、生もので持ち歩き時間の問題から思った売り上げを作れていませんでした。

けれど、寿司ケーキ専門店というキャッチーなネーミングと、いわゆる〝映え〟商品ということで、Ｈａｎａｋｏやトレンド雑誌、じゅん散歩、ぶらり途中下車、シューイチ、ラビットなど、さまざまなメディアから取材依頼を受けるようになりました。しかし、それでも思い描いた売り上げには達しず、周りの評価と実際の中身の差に溝ができてしまいました。

特に百貨店の節分の催事に出店したときは失敗に終わりました。奇をてらった寿司ケーキ恵方巻を発売し、他の店舗は行列ができているのに、寿司ケーキだけ人が来ないという状況になってしまったのです。

恵方巻を買いにくるお客様にとっては、黒い海苔でまかれた海鮮の恵方巻をもとめているのであって、我々の海苔の代わりにオレンジ色のベジロールに包まれたキラキラとした恵方巻は異端すぎて受け付けられなかったのです。

まさに〝定番に勝る流行なし〟という言葉を痛いほど実感した経験になりました。

喜びがたくさん有るところに経済はうまれる

前章で向かい風のところには追い風が吹いていると書きましたが、寿司ケーキのお店を出してからは向かい風続き。失敗を修正するために、売り上げが上がらないネックになっている部分を分析しました。

ひとつは、寿司ケーキは持ち歩き時間が夏場は1時間と短く、利用できる人が限られるということ。もうひとつは生ものなので、当日売れ残った分は破棄、つまり食材ロスがでるということ。その2点の問題を解決する鍵となるのが寿司ケーキの〝冷凍発送〟を可能にすることだと考えました。持ち歩き時間を気にせず、全国にマーケットが広がり、食材ロスも減らせれば勝算は見えてくると。

機材購入には補助金を利用し、すぐに冷凍実験を開始しました。まだあまり知られていませんが、今では瞬間冷凍機の技術が向上していて、お刺身もお米も瞬間冷凍でき、常温で解凍するとお寿司も美味しく食べられるようになっているのです。ですが、あまり冷凍させるお米の量が多いと、解凍速度が落ち、おいしくなくなってしまったり、ジュレも適したタイミングで塗布しないといけなかったりと開発に時間を要しました。

そして、冷凍寿司ケーキの構想をした半年後の2023年6月、無事に商品開発を終え、クラウドファンディングの〝MAKUAKE〟から全国先行販売を開始することにしました。今現在、この本を読んでくださっている皆様にもお届けできるようになりましたので、是非「No.Sushi 寿司ケーキ冷凍発送」と検索してHPをご覧いただければ嬉しいです。

私が事業に失敗して、思うようにいかずに悩んでいるときには、尊敬する経営者の方の存在をいつも思い出します。いまでは日常にあるのが当たり前になったある電子物を創業開発し、上場までやってのけた方で、雰囲気は常にhappyで朗らか。私が信じていた人に嘘をつかれて食事ものどを通らなくなっていた時には、〝嘘をつかれるより人を信じることは何百倍も素晴らしい。信じる者とかいて儲かる、儲かるとごちそうになるよ〟と励ましてくれたこともありました。経営面では〝共鳴し、喜びがたくさん有るところに経済は生まれる〟ということも教えていただきました。

出る杭は打たれるといいますが、私もメディアに出るようになってから陰口を言われたり、ありもしない噂を流されたり、非通知電話がなって出ると「死ね」と言われることも(笑)。ですが、新しい出会いと寿司ケーキのこれからの未来のことで頭の中がいっぱいなので、そういった出来事は全く気に留めることもなくなりました。

悩みの大半は悩んでも仕方がないことで、1日24時間という限られた時間の中でいかに周りの人と自分がhappyに過ごせるかを考えて実行したほうがよっぽど今後の利益につながります。私は他人の目を気にして生きることがいかに無駄なことかというのが人一倍わかっているので、そんなことに一切時間を費やさなくなりました。

また、人間関係で悩んだときはその相手から離れるようにしています。自分の立ち位置が変わるにつれて、人間関係がかわってくるのは当たり前のこと。昔からの付き合いだとしても、薄情だと言われても、自分の人生を謳歌できるのは自分自身だけだと思うのです。

成功したいのならば、いかに回数多くバッターボックスに立つかです。打席に立たなければ空振りもヒットもありません。

いざ！ 寿司ケーキとともに新しい大海原へ！

私は〝普通〟という言葉が嫌いです。誰が決めたか分からないその言葉の基準に押し固められて、他人が言う〝良い子〟でいないといけない気がするからです。昔は自信がなく、いじめられた経験から周りからはみ出ず、普通でいようと意識してきましたが、29歳の時に家族や友人の反対を押し切り、コロナ渦という思いもよらないタイミングで独立してしまったら、まるで滑車が動き始めたかのように自分の人生も変わっていきました。

先日初めて銀行さんのセミナー講師の依頼を受けた時も、経営者60名の前で何を話せばいいんだ！　と頭を悩ませましたが、やったことのないことは、まずは一生懸命やってみようと思い、「コロナ禍で資金３００万円から2店舗展開を果たした思考」というテーマで講演させていただきました。結果的には自分のことを人前で話すのがこんなに楽しいことなのかと感じ、チャレンジしたことによってまた新たな自分をみつけることができました。

ここでみなさまに1つアドバイス。こういった出来事をポジティブに楽しむ秘訣として、生活の中でここぞ！というとき、〝私の中ではそれを人生の本番〟とよんでいますが、その経験を増やすように心がけてください。失敗も成功も自分自身の〝人生の本番〟。

つまり、本気になってやり遂げること。経験の地層を積み上げていくと、チャレンジするにも恐怖はなくなり、周りの人に感謝する気持ちが自然とわいてくるのです。金メダルをとったアスリートも有名な経営者も憧れの芸能人もこういった〝人生の本番〟を数多くこなしているから、キラキラして見えるのだと私は思います。

最後に、私は女性経営者として『成功』してこの本のメンバーに選ばれたわけではありません。あくまでも現在進行形の挑戦者であって、東京初の寿司 cake 専門店を創業し、長い旅がはじまったばかりの旅人。その道は常に追い風ではありませんが、自分の信じた〝寿司ケーキ〟をこだわって育てていき、ゆくゆくは世界中のみなさまにお届けできる日まで愛情をもって挑戦し続けたいと思います。

秋田の田舎に生まれ、なんの特技もなく勉強も苦手、コンプレックスだらけの私が30歳までに独立する！　と決めた行動力だけがあったがゆえに、新しい扉をひらくことができました。あなたがなにか一歩を踏み出そうと迷い、この本を手に取っているのであれば、是非やりたいことに締め切り期限を決めて人生の本番を増やし、大海原に飛び込んでいただきたいと思います。もし相談ごとがありましたら、是非〝鬼瓦〟にいらしてくださいね。

これから世界に羽ばたくＮｏ．Ｓｕｓｈｉのお寿司ケーキをごちそうさせていただきながら、お話を聞かせていただきますので。

Message

あなたへのメッセージ

成功したいのならば、
いかに回数多く
バッターボックスに立つか。
打席に立たなければ
空振りもヒットもありません。

佐藤有喜さんへの
お問合わせはコチラ

一般社団法人Re 代表理事／株式会社Add Wall ディレクター
まちづくり事業

じんたともよ

ボランティア活動から
繋がったご縁で
実現した
まちづくり事業！
人生の主役として
生きるための
「幸せ」の見つけ方

Profile

1987年、大阪府堺市出身。美容専門学校卒業後、アシスタント業に就くが、数か月で退社。その後、アパレル販売員や医療事務・秘書・経理事務等、さまざまな仕事を経験する。娘を出産したのち、「まちづくり」に携わり、参画型の企画デザインを得意とするプロジェクトマネージャーへ。人の幸福度が高いまちづくりを目指して、当たり前を変える社会実験を実施中。

1日の
スケジュール

Morning

6:30 起床・ヨガor瞑想

7:00 娘の朝食準備

8:00 ライブ配信

9:00 事務作業

10:00 打合せなど人と会うこと

17:30 帰宅・夕食準備

18:30 夕食

20:00 お風呂

21:00 自由時間（本を読む・SNS・自由研究・事務作業）

24:00 就寝

Night

人生を変えた出産と子育て

人生が変わったきっかけで、多くの女性があげるものは「出産」ではないでしょうか？当時の私を客観的にみると、24歳で結婚し、26歳で出産、専業主婦でいても何不自由ない暮らしができる、世間一般でいう「幸せ」な女性だったと思います。

でも、その状況を心から幸せだと感じることができませんでした。子どもは愛おしくて仕方ない存在だけれど、何一つ自分のペースで取り組むことができない状態。そしてその気持ちをパートナーに伝えても、状況は変わらず、「もう消えてしまいたい」と鬱のような状態で、命を絶つことを考えた時期もありました。当時住んでいたマンションのベランダに手を掛けたこともあります。その時に思いとどまったのは、娘が成長してこの事実を知ったら、彼女が自分を責めてしまうかも知れないと、ふと頭によぎったからです。

今思えば、慢性的な寝不足と、専業主婦なのだから完璧に子育てしないといけないと思い込んでいたこと、今在る幸せを感じることができなかった心の未熟さ故のことでした。

このままではいけないと思い、翌日からは就活と保育園探しを開始しました。就活するためには保育園に預けないと面接にも行けませんが、保育園に預けるには就労証明が必要になるということで、さっそく大きな壁が立ちはだかりました。働きたいのに働けないという状況下、妻や母といった役割ではなく、自分自身のアイデンティティを保つために社会との繋がりが欲しかったので、子どもと一緒でもできることを探し始めました。

制限をされた中で見つけたのは、ボランティア活動でした。活動をされている方々の輪に飛び込み、子どもを連れて小学校に命の授業をしに行ったり、高齢者施設で赤ちゃんと触れ合うプログラムを開催したりしました。活動を共にしていたのは、子育てしながら自分のやりたいことに取り組んでいる素敵な人たちばかりで、自分もそんな風になりたい！と、いい刺激をもらっていました。

住んでいる地域でも何か自分にできることはないか？　と情報収集したり、人に会いに行ったりを繰り返しているとご縁が繋がり、地域の子育て情報を発信するウェブサイトのライター業をさせてもらえることになりました。それだけでなく、「子どもと一緒にはたらく」を発信しようとブログの執筆も行いました。いいことばかりじゃない、リアルな「子育て」と「働く」ということを、運営元の社長が一緒に実践しながら取り組んでいこうと言ってくださったのです。さまざまな企業がそうした働き方を受け入れてくれる社会にしたい、という未来を目指して立ち上がったプロジェクトでした。

過去の私と同じような悩みを抱えている人へ、ちょっとでも希望を届けられたらと挑戦することになりました。取材先へは子ども同伴で行かせてもらっていましたが、温かく受け入れてくださる方々ばかりでした。

パソコンでの作業は、子どものペースに合わせながらなので非効率だし、正直預けて働くほうが親子共に精神的にも良いのでは?と思うこともありました。それでも、新しい試みであることと、継続することで同じような働き方をする人が増えていくかも知れない、という未来へのワクワクした気持ちが原動力で、毎日クタクタになりながらも続けました。

この一連を通じて学んだことは、どんな状況も自分がつくりだしているということ。行動すれば状況は変わるし、壁は乗り越えなくても違う方法で避ければいいのです。

そして、もうひとつの学びは、常識という概念にとらわれないということです。「常識とは18歳までに身につけた偏見のコレクションのことを言う」と、偉人アインシュタインの名言にもあります。自分が当事者になってみないと分からない課題はたくさんあります。そこで「まあ、こんなものだから」と社会の常識的な枠にとらわれて諦めることなく、その課題をどんな風に変えたいか?ということを人に伝えていくということは、とても重要だと思っています。たくさんの人たちのそういった積み重ねで現代社会はつくられています。これを読んでくださっているあなた自身もその一員なのです。

想いを伝えて、繋がるご縁

仕事が軌道に乗ってきた頃、夫に転勤の辞令が出て、地元である大阪へ戻ることになり、後ろ髪を引かれる思いがありながらも帰郷しました。地元でしたが、子育てをするとなるとまったく知らない土地と一緒でした。情報収集をして、娘と一緒にいろんな人に会いに行って想いを伝えていたら、中間支援のＮＰＯ法人を紹介いただき、その代表の方との出会いによって、社会課題の解決をしていく仕事への興味がより一層深まりました。そして、その方は人生を豊かにするための問いをもらった恩人でもあります。

ＮＰＯで子どもと一緒に働くということを実践させてもらって1年が経った頃、また転勤を言い渡されました。地元ではない場所への異動だったこともあり、夫に対する気持ちが大きく変わっていることに気付かされ、ついていく理由がなくなってしまったことを告げて離婚を決意。大阪で娘とふたりで生活していくことを選んだ時のことでした。一家の大黒柱になるので、すぐさま仕事を探し、大阪市内の会社へ就職をしようと動いていました。ＮＰＯの代表に面接に行くことを告げた時、「本当にそういう働き方がしたいんかな？今までやってきた活動の延長で、稼いでいくっていうことはできないのかな？」と言われてハッとし、すぐさま二次面接の断りの連絡をしました。

問いかけてもらったことで、自分の中の違和感を無視せずに行動した結果、トントン拍子に自立できる環境が整っていったのです。団地に住みながら魅力を発信し、得意だった空間演出を活かして子育て世代に向けた写真撮影のブースを作るなど、集会所でのイベント企画をすると家賃が無料になるというプロジェクトに参加することが決まりました。

そしてNPOでも引き続き仕事をさせてもらい、会議での議事録をまとめたり、資料作成・報告書の作成から、人を繋ぐことや関わり方まで、たくさんのことを学びました。

団地のプロジェクトが終わる頃には、泉北ニュータウンの駅前エリアマネジメント事業をやらないかと声を掛けてもらい、「どうせやるなら本気で関わりたい！」と、住居も移しました。はじめて関わる事業は分からないことだらけでしたが、夢中になって取り組みました。学びに対しては、お金も時間も惜しみませんでした。コミュニティづくり、都市計画、建築など、ピンときた講座に参加していくと、人との繋がりも広がっていきました。

学んだことをアウトプットしたくても、クライアントがいる仕事の中では、どうしても叶わない部分がありました。実験的に挑戦しながら、なにか地域のためにできることはないだろうか？　と考え、思いついたのは地域情報の読者参加型マガジンを創ることでした。

しかし、出版社で仕事をしていた経験もなければ、人を雇うお金もありません。そこで最初にしたことは、仲間づくりです。「誰もが好きなことや得意なことを活かせる社会を創りたい！　そんな未来をつくるための雑誌づくりがしたい」と、近所に住んでいた友人に伝えました。それが現在も編集長を担ってくれている山田聡子さんです。自宅に誘ってもらったことがあり、独身の頃の仕事を聞いたところ、目を輝かせながら自身が携わったという雑誌を何冊も見せてくれました。出産を機に編集の仕事から離れていた彼女でしたが、きっと編集が好きなのだろうと感じ、いつか一緒に何かしたいと思っていたのです。「私にできることがあれば」と返事をもらい、前代未聞の雑誌づくりが始まりました。

仕事じゃないからこそ、言いたいことを言えなくなると意味がないので、スポンサーはいれない方向で、当時は市民権を得ていなかったクラウドファンディングを用いることを計画しました。誰でも参加できるオープンミーティングでは途中経過を公開し、少しでも雑誌作りに関わってもらうことを心掛けていました。

タイトルは『RE EDIT（リエディット）』。既にある魅力的なまちを「再編集」することで、まだ魅力に気づいていない人たちにも伝える媒体にしたいと思ったからです。写真やデザインのように単独で形になることがないけれど、編集次第でアウトプットされるものが異なります。縁の下でひっそりと重要なポジションを担っている「編集」は、目には見えない価値そのものでもあり、そういったことを伝えたいという想いもありました。

「まちは、いつだって未完成。」というキャッチコピーは、佐本陽子さんがいくつも出してくれた案の中からみんなで選んだものです。まちをつくっているのは「人」であり、地域に住む全員がまちづくりの一員であるということを伝えるためにピッタリな言葉でした。

毎号SDGsの17の目標を題材に、1年に1度のペースで、2022年4月に活動5年間の集大成となるvol.004まで発行しました。関わりを持ってくださった方々が、代理販売・広報などにご協力くださり、ひとりで創っていたとしたら、こんな広がりを見せることはなかっただろうと思います。創刊した年から企業や行政からオファーをいただき、メンバーと一緒に仕事もしています。

山田さん、佐本さん、活動を続ける中でカメラマンに転身した中間友里さん、イラスト&デザインを担当する河合紘子さん、未経験だったけれど編集に携わる岡本由比さん、活動を知り連絡をくれたデザイナーの和佐阿佑美さんなど、頼もしい仲間がいてくれたから、大変なことも乗り越えることができました。活動から離れてしまった人もいますが、一時でも一緒に活動できたご縁に感謝しています。仕事ではないからこそ起きた奇跡もあると感じていて、お金では買えない形のない財産をたくさん受け取っていると感じています。

想いやビジョンを伝えることで、繋がっていくご縁があること、直感を大切にすること、そして、目先の利益にとらわれず行動することの大切さを学びました。

諦めなければ失敗ではなく、経験になる

NPO法人の仕事をしながら、個人事業主としても、繋がりからオファーをいただくこともあり、一体何足の草鞋を履いているのか分からないまま、目の前に来た仕事に応えていく日々を送っていました。そんな日々の中でも次にやることは決めていて、編集室をつくりたいと思っていました。ただ単に事務所を構えるだけでは何の化学反応も起きないので、地域の人たちがふらっと立ち寄って、メンバーに話をしに来たり、ちょっとした相談事ができるようなオープンな共有スペースが目標でした。

すると、そんなことが叶いそうな話がやってきたのです。今度はハード面も整備しないといけないこともあり、立ち上げとなると一人では難しい。雑誌づくりもしながらだったので、さらなる負担をメンバーに掛けることは厳しいだろうと思っていました。考えた結果、志同じくして、雑誌のロゴ制作や人手が足りていなかったデザイン面を助けてくれていた山里章悟さんと会社を立ち上げて構築していきました。会社設立のために出資もして、関係者との打合せを重ね、膨大な時間と労力も費やしてきました。

ところが、いよいよ工事着工の目前というところで、計画が頓挫してしまったのです。

関係者の方々にも計画遂行のためにたくさんのご協力いただいていたので、心苦しかったのですが、諦めるという決断をしました。誰も責めることはなく、労いの言葉をかけてくださり、周囲にいる方々の温かさを感じたと同時に、何だかやり場のない気持ちだったことも覚えています。

頓挫してしまった計画の中で、塗装の協力をお願いしていた株式会社Add Wall（アドウォール）の上山社長に会いに行った時のことです。「ここまで頑張って来てたのにもったいないやん！　もう一回構築しなおされへんの？」と尋ねられ、一番は資金的に厳しいことを伝えました。計画倒れしましたが、出資していた半分は準備のため既に使ってしまっていて、会社として他の仕事も安定していない中で、これ以上チャレンジし続けることが難しいことを正直に言いました。

すると、「うちの会社としてやることはできひんかな？」と提案をくださったのです。社長は、地元である地域にいつか恩返しがしたいと思っていて、何か一緒にできることがあったら声を掛けてほしいと、以前から言ってくれていました。

そして、次の日からは再び関係者と再構築に向けて動き出しました。すごく身勝手ですが、山里さんは私のどうしてもやりたい気持ちを汲んで、設立した会社を抜けることに快諾してくれました。会う回数はもちろん減ってしまいましたが、今も家族ぐるみで仲良くしてもらっています。

Add Wallへ入社したのはそこから半年後でした。計画が頓挫してしまった後、すぐに新型コロナウイルス感染症が流行し、緊急事態宣言が出るなど、今まで経験したことのない状況が続いていたので、そもそも状況的に難しいのでは？　と思い、私のことは気にせず会社のことを優先してもらって大丈夫です、と社長に伝えました。しかし「いや、それはやると決めてるから」という返事で、少し落ち着いた頃に社員として迎えてもらいました。

再構築を進めながらも、会社の広報となりそうなことを企画展開していきました。余剰塗料を用いてペイントを楽しんでもらう機会を創出したり、行政関連で会社として協力できそうなことにアンテナを張って取り組んだりと、これまでしていたことを活かして、できることを探して動くというような形です。

さらには、一般社団法人を設立したいという話にも賛成してくださり、会社の一事業として考えてくれています。一般的にいう社員という立場では考えられない程、自由に仕事をさせてもらっていて感謝してもしきれないほどです。その分、何を貢献できるのか、どういったことに参画していくと会社として良いのかを常に考え、未開拓地を耕しています。

再構築していた場づくりは、いろいろな難関を乗り越えて、２０２１年8月8日グランドオープンを迎えることができました。さまざまな方に意見をもらい、チャレンジを応援する場所を構えようと、カフェ・ショップ・レンタルスペースを兼ね備えた複合施設となりました。大阪府堺市の「泉ケ丘駅」から徒歩10分程の大蓮公園内にある『わたしのまちの、くらしの博物館 space.SUEMURA（スペース スエムラ）』です。「旧すえむら資料館」の収蔵棟として使われていたこと、古墳時代から器の原点である「須恵器」発祥の地であること、日本書紀にこの辺り一帯が「茅渟県陶邑（ちぬのあがたすえむら）」と記されていたことを後世にも伝承できればという想いでスエムラの名前を引き継がせてもらいました。

spaceには「余白・場所・宇宙」の意味が含まれています。この場所もまちと同じで、いつまでも未完成であり、その日スエムラを訪れる人たちで創られていくのだと思っています。それぞれの得意なことが活かせる場所であり、地域内の人・モノ・コトすべてが循環する起点になれればと、新時代のムラをひらいている感覚です。

運営方法も独特で、スペースを共有したい人たちが月額費用を安価に抑えるために、運営に携わってもらうというシステムを試みています。

目標となるゴールを設定することは重要で、そこに向かうために努力をするのはもちろん、人に伝えた分だけエネルギーが動いていきます。そして、有名なスティーブジョブスの「成功と失敗の一番の違いは途中で諦めるかどうか」という名言の通り、できるまでやれば失敗ではなく、経験になるということも身をもって実感しました。

人生の主役として、幸せに生きる覚悟をする

９年前、専業主婦だった私がしたことは、たったひとつ「幸せに生きる」と決めたことです。「幸せ」は人によって異なるはずなのに、世間のいう「幸せ」が自分にも当てはまると勘違いをしていたのです。それを気づかせてくれたのは娘でした。

「幸せ」という言葉を辞書で引くと「いやなことがなく、満足して過ごせること」とあります。人生の主役は、他の誰でもなく、自分自身です。自分の幸せを無視して過ごしているると、やがて不満が溜まります。その不満は負のエネルギーを発していて、一番身近な人に影響を及ぼします。それを受けてしまった人は、さらに連鎖させていく可能性が高いのです。ほら、不機嫌な人って話さなくても、今日不機嫌っぽいなって空気感で分かりますよね？　そういうことです。ひとりひとりが、まずは自分を大切にしてご機嫌でいることは、大袈裟かも知れませんが世界平和への近道だとも思っています。

実を言うと、離婚相談を受けることが度々あるのですが、踏み切れない理由は経済的な面です。そのことで、夫婦円満になれるよう努力するという道を選択するのであれば賛成ですが、ただ「お金」を理由に仮面夫婦のような状態を続けるのであれば、いくら経済面

で安定しても、心は不安定なままだと思うのです。お金に振り回されることなく、どんな人生を歩みたいかを軸に選択できる人が増えるといいなと思っています。

また、次に多い理由は「子ども」です。子どもは私たちが思うよりずっと大人な考えをしていたりするもので、子どもから教わることはたくさんあります。両親が揃っていないと子どもは可哀相だというのは本当でしょうか？　ちなみに娘のことを可哀相だと思ったことは一度もありません。そして「パパと離婚してごめんね」と言ったこともありません。なぜなら、私は幸せに生きるために離婚をしたからです。

こんなことを言うと離婚斡旋しているようですが（笑）、結婚は肯定派です。共に生きていくパートナーと向き合う覚悟をするために結婚という契約を行い、パートナーシップを育んでいくことは、人生において最も重要な学びだと思っています。

仕事の上でも、理想とする未来を実現するために、前例のないものに挑戦しようとすると、そんなのできる訳がないと多くの人は言います。周囲の人が何を言おうと、自分が想像できたことは必ずできます。想像した未来は、同時に創造されているのです。そして、どれだけ行動したかで、未来は変わっていくのです。

最後に武田信玄の名言をシェアします。「一生懸命だと知恵が出る。中途半端だと愚痴が出る。いい加減だと言い訳が出る」。常に知恵が出る自分で在りたいです。

Message

あなたへのメッセージ

周囲の人が何を言おうと、
自分が想像できたことは
必ずできます。
想像した未来は、
同時に創造されているのです。
そして、どれだけ行動したかで、
未来は変わっていくのです。

じんたともよさんへの
お問合わせはコチラ

株式会社Jinno 代表取締役
美容室経営／占い師

神野寿栄美

美容室を開業したのも、
占い師になったのも
全ては挫折から
始まった！
なりたい自分になるための
大切な考え方

Profile

1962年、長崎県出身。美容学校卒業後、市内の美容室に勤務。翌年、東京都渋谷区原宿の大型サロンに勤務。夫の転勤により岐阜県に転居。1999年に独立し、美容室 Jinno オープン。2008年、株式会社 Jinno 設立。2019年よりセミナー講師、占い師としても活動中。東海テレビニュース ONE にも出演。

1日の
スケジュール

Morning

6:30 起床

7:00 朝食夕食の支度

8:30 出勤

18:00 スポーツジム

20:00 帰宅

20:00 食事お風呂

20:30 掃除・洗濯

21:00 YouTube.tiktok配信準備

23:00 動画編集配信

24:00 メールチェック

24:30 就寝

Night

挫折から始まったわたしの原点

ヨーイドン！　走り出した私の横を、父は不自由な足で走りながら、大漁旗を振って応援してくれた小1の運動会。大きな声で叫ぶ父。そばにはいつも父がいました。

玄関の靴を並べる、食事は全員揃ってから、座る位置は末席、食事中は喋らない。これらはすべて父のしつけでした。そんな厳しい父に叱られた記憶はなく、叱るのは母の役割。五島列島のこの両親の元に生まれていなければ、今日までの60年は無かったでしょう。

五島列島は150の島があり、進学校といわれる高校に各学校から10人程が集まります。生徒の大半は下宿と寮生活。地方公務員の我が家の経済では下宿は厳しく、寮生活しか選択肢はありませんでした。12畳の部屋に6名での相部屋生活。5時半に起床し、寮母の手伝いと掃除。9時消灯のテレビもない寮生活は息が詰まりました。

父は生まれつき足に障害があり、「五体満足に生まれて努力しない人間が嫌い。貧乏でも学びたいことは借金してでも応援する」が口癖でした。姉達の影響もあり、小学校の先生になりたいと選んだ高校でしたが、毎日8時間も続く授業についていけず、国立大は到底無理だと思っていました。それでも受験の時は来ます。経済的に大変な時に仕送りまでしてくれている父には現状を何も言えず、私に国公立大学以外の選択肢はありませんでした。

もちろん全敗です。受験に失敗したことも言えず、実家にも帰れず、就職先もない。先の事どころか、今どうすれば良いかもわからず悩む日。そして、いよいよ卒業という時、隣の席の友達が美容学校の願書を書いていたのです。「これだ！　私も行こう！　美容師なら自立できる」直感でしかないのですが一瞬で決めました。

もっと裕福だったら私大にも行けたのに。兄弟が少なかったら良かったのに。寮生活さえなければ私は希望する大学に行けたはずと言い訳ばかり。自分が怠けた結果を寮生活や寮生活しかできない環境を父のせいにしていました。チャンスを与えてくれた父に申し訳なく、生前に謝れなかったことは父を思い出すたびに甦ってきます。

美容学校は長崎市内。バイトに明け暮れて必死で学費を払い、卒業と共に東京へ行くと決めていました。ところが足の半月板損傷で手術し、同期よりも半年遅れで地元の美容室に就職しました。その当時、東京が一番と思いこんでいたので、このままでは嫌だという気持ちが抑えられず、周りの反対も聞かず東京へ逃げるように飛び出して行きました。

憧れの東京は想像とはまったく違って、手や肩が触れても我関せず無反応。困って地図を見ていても誰も声をかけてくれない。気に留めてくれる人はいませんでした。

朝8時前には出勤して、帰宅が深夜の毎日。週に一度の休みは講習。憧れの東京を楽しむなど夢の夢。上下関係も厳しく、ため息の毎日でした。タバコの煙が舞う店内で後悔ばかりが募ってきて、ここにいたら駄目になる！　とわずか半年で退職。

次の職場は、長崎でお世話になった先生からの紹介で、竹下通りにある老舗の美容室でした。同期に負けたくない。トップになりたい。私が本来持っていた負けん気でがむしゃらに仕事をして、2年後にはサブチーフなっていました。

5年が過ぎた頃、現主人と知り合い結婚、長男が生まれました。主人の転勤で愛知県へ引越し、そこで次男が生まれ、通勤圏内である岐阜県多治見市に住まいを構えました。友人ゼロ、知人ゼロからの新しい生活がスタートし、知り合いがいないと大変だという現実を引っ越してから気付きました。

子育てしながら美容師を続けることは、当時はあり得ないことでした。仕事が好きだったからではなく、私が唯一誇れることが技術コンテストに出場し入賞したことと、同期が次々と辞めていく中、続けたことだったのです。大学受験の挫折から父への後ろめたさがあり、仕事を辞めてしまったら人としてどうなのか？　この仕事だけは続けるべきと自分に言い聞かせていた気がします。

平日は子供を保育園に預け、土日は主人が子供の世話を承知してくれました。子供が小学生になると下校時間が早く、さすがに極楽な私でも1年生の息子に留守番をさせて仕事を続けることは不安でした。相談してみると、オーナー夫妻も同じような経験をされていて、息子が1年生の時は1時まで、2年生は2時までという勤務時間を承諾してくださいました。

綱渡りの子育てが続いた頃、近くで洋菓子店が閉店するとの話を聞きました。その場所は息子達が通う予定の中学のそばでした。独立など考えてもいなかったのですが、中学生は重要な時期だと感じていたので、もっと子育てに関わりたいと考えていました。

独立しなければこの先の子育ては難しい。自分の店なら自由に営業時間が変えられる。そして、親からの仕送りで大学生活を東京で送れることはすごい価値で、それをしてあげられる経済力も欲しい。息子達の将来進路に選択肢を多くしておきたい。

東京では初めてのお客様が多く、密なお付き合いや接客をしなくても技術を評価されるので、ひたすらスキルアップに励みましたが、岐阜では一人一人の人間性や接客力が重要で、話題もお客様の個人的な話が中心。限られた人口で小さな町での商売の難しさや面白さ学ぶことができました。元々田舎育ちの私には居心地の良さもありました。

何の知識もなく、開店マニュアルの本を購入して銀行に相談したのですが、もちろん相手にしてもらえませんでした。断られたことで過去に感じた悔しいと思う感情、挫折感が甦ってきて、独立したい、独立してやる！　に変わっていきました。

オーナーに相談すると、後輩を育ててからにして欲しいと提案があり、5人の後輩を育て約束の2年間が過ぎました。主人からは今のままでいいのではと反対がありましたが、家事をきちんとやること、金銭面で迷惑をかけないことが条件で認めてもらいました。後輩を育てる間に資金を貯めて、長男が6年生になる春にオープンを決めました。

3席程の小さなお店。計画を進めれば進めるほど不安が募り、一人でやれるのか？　勢いで走り出したものの不安で潰されそうになりました。不安を話すうちに一人のママ友が「掃除と電話番くらいはできるよ」とオープンから手伝ってくれることになりました。

オープンの日は雨。お客様よりも手伝いにきてくれた友人のほうが多く、賑やかなスタートになりました。準備万端のはずがカットした髪を掃くほうきとちりとりが無い……。友人が買ってきてくれたのですが、「これお祝いだから」とプレゼントしてくれました。独立して22年の今現在も使っている大切な物の一つです。

成り行きで始めた美容師。合う合わないではなく、好きか嫌いかでもなく、何が何でも続けることだけを目的とし、今のままでは終わりたくないとの思いからの独立でした。

自分で選択して生きることの大切さ

小さな町の団地での商売は、それまで経験したことのない戸惑いがありました。噂話が多いこと、その日学校であった事や団地内での出来事など、店の評判に神経を使うことも多く、社交性が取り柄なのに、不安と人間関係から段々と話せなくなっていきました。

自営業だからと町内、学校での役が舞い込んできて、休まる時がない毎日。この忙しさは私が独立したいと言い出したことなので誰にも言えない。理由もなく涙が出る日々。それでも休むという選択はない。責任感だけで動いていました。

こんな母親を見て何かを感じたのか、次男が「母さん、足揉むよ、マッサージするよ」と毎晩声をかけてくれました。子供に心配かけて申し訳ない。情けなさと心配してくれる子供達に申し訳なく、涙する日がしばらく続きました。

もう逃げることはできません。何も言わない子供をみているうちに覚悟は少しずつできていき、しばらくして気持ちが落ち着いていきました。

お店はママ友が宣伝してくれたことで、近くのマンモス団地の人達が近いからと来店してくださり、オープン月の売り上げは60万円。パートで働いてくれたママ友が経理に詳しく、すべてをやってくれました。2か月目は売上80万円。まだ暇な日も多く、続けていけるのかと不安な毎日でした。店の今後を決めるであろう3か月目。売上が100万円をどうにか超えた時、やっていけるかもという気持ちに変わりました。3か月でお客様が二度目の来店をいただけたことが大きな自信になりました。

次男が高校生になる頃には店が手狭になり、駅近くがいいのでは？と考えるようになりました。独立してから8年目、駅に近い場所に美容室を建て移転しました。それまでの貯蓄したお金で借り入れなしで移転オープンできたのです。

子育てができる環境を求めて、どうすれば子育てできるかと常に考えた8年でしたが、子供に我慢や寂しい思いをたくさんさせてしまいました。不安しかない独立でしたが、子供、友人、お客様、周りの大きな力に動かされ、支えられました。無我夢中の8年。やると決めただけの私。決めたことでたくさんの協力者に支えられました。

迷いながらの日々と子育て、営業周りを見渡す余裕もなく、自宅とお店の往復の日々でしたが、その頃に着付けを習い始めました。その後、世界美容資格のハビア、世界での特許技術ＳＢＣカットは神戸まで通いマスターまで取得。地域ナンバーワンになりたい。移転を機に挑戦していきたい。

経営する中で一番の課題は営業でした。子供の友人やママ友にばかり頼っていたのでは限界があります。地域の経営者が集まる起業塾や朝活、ＳＮＳの集まりなど外へ向かって行く時だと考え、行動することでさらに仕事中心の生活になっていきました。

私が外向きになっていた頃、友人の紹介で大阪の自己啓発セミナーを受講し、そこから人生は激変しました。それまで店を繁盛させることに必死で、人生を客観的に見たことも目的など真剣に考えてもいませんでした。人生を振り返る機会を得たことで、やりたいこと、幸せな自分の形、生き方など周りを注意深くみるようになったのです。成り行き任せの生き方から、先を決めることでなりたい自分になれることも、そこで知り合った友人たちから魅せられ、教えられました。

人生捨てたもんじゃない！　ついている。これからの折り返しの人生を大切にしよう。丁寧に生きようと気づかせてもらいました。仕事に縛られ、やりたいからやらねばになっていました。ここからの人生こそ重要だと気づいた時でした。

人との関わりから得られるもの、一人よがりにならず素直に受け入れる。それは自分に最も必要なものでした。人生が変わる時、選択して生きることの意味に恥ずかしながら初めて気づいたのです。

成り行きではなく、自分の人生を生きる

移転後しばらくして、支店を出したいと愛知県に出店。頑張ればどうにかなると思っている私に二度目の挫折がやってきました。任せたお店は売り上げが伸びず、同じ時期に名古屋駅近くにメンズエステサロンを出店しましたが、任せたスタッフの退職により閉店。いい子だから任せても大丈夫と、育てずして成果だけを求める、まったく経営者としてお粗末でした。商売も人です。人を育てることの大切さを改めて痛感しました。

人を当てにした営業はやめよう。私は大型店を目指したいわけではない。多店舗展開したいわけでもない。人と人が向き合えるお店が良いと、自分がやりたい方向性が明確になったのがこの頃でした。お客様と生涯お付き合いのできる、信頼していただけるお店が良いと思い、整理して新たにスタートしました。

そこから2年でコロナ禍を迎えます。営業の制限はないもののイベントもなく、先の見えない不安が襲ってきました。来月は給料が払えるのか？と不安なはずが、私はついている。守られている。幸運でしかない。支店とエステサロンを閉めて良かった。あのまま続けていたら、きっとすべてを無くしていたに違いありません。

東京での修行時代を励ましてくれた人、独立して不安な私を後押ししてくれた人、それはいつも占い師の方でした。初めて鑑定してもらったのは高校1年の時。辛い時はお小遣いで何度か通っていました。お陰で占い師の方のレベルがわかるほどになっていました。

自分の人生を振り返ったとき、もっと違う生き方があり、苦い経験をしなくても良かったのではないか？と思うことがあり、占いの勉強にのめり込んでいきました。趣味として学んでいた占いの占術はいくつもになり、そろそろプロとして始めたら？と数人の師匠に勧められていた時にコロナ禍が訪れ、何とかしなければという不安と焦り中、「占い師を始めてみよう。10年以上学んできた占いを仕事にしよう」と決めました。

人生と向き合えた自己啓発、心理学、個性學、倫理法人会でのセミナー、生保でのセミナーなどの学びを経て、リモートでの鑑定をスタートしました。

頑張っている人の背中を押してあげたい。あきらめなければ必ず成功しますと伝えていきたい。人間関係で悩む人、悩んで引きこもってしまう人。仕事場での人間関係から転職せざるを得ない人。学校が好きなのに行けない人。言葉が足りず、コミュニケーションが取れずに離婚してしまう人などの力になりたい。

これから先は、なんとなくではなく、成り行きでなく、やりたいことを始める。

残りの人生はお返しの人生にしようと心に決めました。

今を大切に、時間は戻らない

振り返ると挫折からのスタートでした。でも、挫折したから美容師になり、子供がいたから独立をし、自分の可能性を試すために事業展開をして、失敗して占い師としての今があり、セミナー講師としての今があり、これからの夢があります。

今上手くいかないからと失望しないでください。その失望の分だけあなたエネルギーになります。まだまだ終わりではありません。自分を信じてください。こんな私も後半の人生を楽しんでいきます。終わりではなく、挫折が始まりです。

一番の後悔は何もせずして過ごした高校時代の3年。あの挫折から学んだことも無駄ではありませんが、あの時にやれたこともあったはず。その後意識したことは時間を大切にすることです。時間は取り戻せないということ、後回しにしないこと。

子育てもその時が勝負で、子供との剣道や送迎の車の中での会話はその時しか生まれません。お店でのお客様との時間も同じ。自分の時間も人の時間も大切にすることだけを意識してきました。

数々の失敗は後悔していませんが、私の店で働いてくれたスタッフに無駄な時間だったと思わせたくない。あの時間も必要だったと思って欲しい。目の前の人と100％で向き合うと決めています。

子育てと仕事の両立は思い出したくないほどつらいものでした。起業して自由なはずが、社員として働く以上に自由はなかった。責任という金縛りにあっていたような気がします。先が見えない辛い時が何度もありましたが、じっとしていても解決策はありません。そんな時ほどどんどん外へ行動していました。セミナーに行ってみる。人に会ってみる。資格を取る。行動することで変わると言われますが、行動するしかなかったのです。3倍やることで、やっと人並みなことばかり。ですが3倍やれば人並みになっていました。人と比べて悲観的にならずとも、やれば必ず手に入ることも実感しています。

人生誰と出会うかだと言われますが、心からそう思います。今まで数々の方に助けられて来ました。ご縁をいただいた方々に心から感謝しております。

今なお人生を楽しく過ごせているのは、私の人生をさらに豊かにしてくれた大阪での自己啓発セミナーです。そこでの仲間15人とは毎日その日の振り返りを伝え、フィードバックし合える関係です。10年前、50歳の時に友人の紹介で受けたセミナーは人生を振り返る機会とたくさんの気づきをもらいました。

誰にでも平等で誰とでも付き合い、お節介なほど関わってきたことを当たり前に思い、疑うこともしなかった。これがスタッフや子供の成長の芽を摘んでいること、相手から成長の機会、気づきも奪っていること、人を差別でなく、区別することで、考えが柔軟で視野が広がりました。

人に助けてもらってきた人生ですが、数々の失敗や挑戦の体験からその人にとってどう役に立てるかを今後歩み出した、開運占い師としての人生で役立てていきます。誰かの影響を受け、影響を与える記憶に残ること。今後は出会えて良かったと言われる人生でありたい。人生に正解も間違いもない。あなたの人生をあなたが納得して生きてください。

いつからでもやり直しできます。お金もない、人脈もない、知識がなくてもこうなりたいで叶うこと。前だけをみて後半の人生を楽しんでいきます。

今を大切にすること。時間は戻らない。ついつい先延ばししたいことはありますが、神様が与えた今の私の課題かもしれない。ひとつひとつ取り組むことで、間違いなく先に繋がります。時間は有限。どう使うか？　どう過ごすか？　は自分自身次第。結果もそれ次第。

いつからでもやり直しできます。

あきらめなければなりたい自分が手に入ると実感しています。

Message

あなたへのメッセージ

時間は取り戻すことができません。
「あの時ああすれば良かった」と
誰にでも後悔することはあります。

大切な時間を行動することで
チャンスに繋がります。
自分を信じて行動してみて下さい。
あなた自身があなたの本来の力に
気づいていないかもしれません。
あなたの未来は明るいと
信じて行動して下さい。

神野壽栄美さんへの
お問合わせはコチラ

もも不動産合同会社 代表
不動産事業／ナレーター・タレント業

長瀬みく

やりたかった
イベントＭＣ、
不動産業など
たくさんの夢を叶えてきた
「夢ノート」の書き方

Profile

愛知県名古屋市出身。元レースクイーン、幼稚園教諭免許取得、宅建士免許取得。結婚、出産を機に仕事をセーブしていたが、子どもたちと一緒にいながら働ける方法を模索し、起業を決意。ブライダルやイベントの司会、ナレーション業務をスタートする。その後、資格を活かして不動産管理会社を立ち上げた。幼い頃から目標をノートに綴っていたことで、願いを叶えてきたことに気づき、「夢ノート」の効果を実感。仕事に取り入れながら仕事と私生活を充実させている。

1日の
スケジュール

Morning

6:00　起床・家事(弁当づくり)

8:00　メールチェック・ボイストレーニ

10:00　仕事　撮影、自宅オフィス

12:00　起業仲間とランチミーティング

16:00　イベントMC打ち合わせ

18:00　夕食・入浴

20:00　連絡業務

21:00　オンラインで講座

23:00　就寝

Night

夢ノートとの出会い

こんにちは「みく」です。こうしてお目にかかれて光栄です。

あなたがこの本を手に取ってくださったきっかけは、この本の中に登場する女性起業家さんたちがどうやって成功したのか？　どんなことを仕事にしているのか？　好きなことを本当に仕事にしているの？　そんな簡単に起業できるものなの？　そんな風に思ったからではないでしょうか。私もそんなことを思う一人でした。

しかし今、もし少女の頃の私に戻れて会えるなら、こう言ってあげたいのです。「諦めなければ、その叶えたい夢、全部叶うんだよ。でも諦めなければ、だよ。好きと感じる気持ちを大切にしてね」と。

私は声を使った大好きなナレーションの仕事、主にイベントやブライダルの司会をしている傍ら、宅建士の資格を活かして不動産管理をしている主婦です。この二つは全く異なるジャンルなので、異色のコラボレーションにびっくりされていると思います。ナレーションの仕事も、宅建士の仕事もどちらも大好きで、どちらにも携わりたいので、こうして自分なりに両立させています。

ここに至るまで本当に紆余曲折ありました。しかし、起業をしたことで自分のペースで仕事ができ、そうすることでプライベートも充実させられる、というバランスのいいライフワークを送ることができています。

もちろん、まだまだ叶えたい夢はたくさんあるけれど、10代、20代の頃に理想の自分として思い描いていた通りの生き方を歩めていると思います。


私が夢を叶えた方法は、ずばり！「夢ノート」です。この夢ノートを上手く活用できれば、なんでも叶えられると自負しています。

子どものころから筆まめで日記を書くことが日課になっていた私は、毎日の出来事とともに、なりたい自分をイメージしたノートを作っていました。小学校のバスケットボールクラブでレギュラーに選ばれる、習い事のエレクトーンの発表会で大トリになる、卒業文集のナンバーワンランキングに載るなど、さまざまです。こうして書いたことがすべて実現したので、子どもながらに驚きました。

もしかしたらノートに夢を書くという行動は、ものすごい力を秘めているのかも。

それから今までどんな状況にいても、いつもその日の感謝と、願いが叶ったつもりで理想の自分像を記すことを日課にし、いつも寝る前に読み返しています。

これは本当にオススメです。だって書くことで誰だって本当になりたい自分を引き寄せられるのですから。

もちろん「夢ノート」の書き方に正解はありません。自分だけの秘密のノートですから、書きたいように好きに書くことが大前提です。

ですが私の習慣をお伝えすることで、少しでも皆さんの夢を叶えるお手伝いができるなら、こんなにもうれしいことはないので、ひとりでも誰かの参考になると信じて、今回ご紹介します。

その前にまず、私自身を知ってもらいたいので、生い立ちを簡単に紹介させてください。

答えは自分の中に眠っている！

私の母は、鹿児島の大地主の娘として、常にお手伝いさんが7〜8人いる家に生まれ育ちました。その生い立ちもあり、どんなに辛い事があっても人に親切で上品で、いつも丁寧な暮らしをしていて、私の憧れの女性です。そんな母は、仕事は男性がするもの、女性は家の事だけをこなし、家庭を守るものと教わり、そのように生きてきました。

私からしたら完璧な母でありましたが、世間では徐々に働く女性も増えてきて、キャリアを積む女性に憧れを抱くこともあったそうです。しかし父からの理解は得られず、自分の仕事を持つことはできませんでした。

ですから母は幼い頃から私に、「大きくなったら必ず資格を取りなさい、自分の仕事を持っていれば必ずいつか役に立つ時がくるから。自分で稼いだお金で好きなように過ごせるって本当に素晴らしいことだと思うよ」と事あるごとに言っていました。

当時はもちろんあまりピンときていなかったのですが、そんな母の声が頭にあった私は、進路選択の際には子どもが好きという理由で幼稚園の教諭の資格の取れる短大へ進学しました。そして学業の傍ら、とある放送局で受付のアルバイトを始めました。見学のお客様のご案内や、お客様の前でナレーションをして説明する仕事です。

何気なく始めたアルバイトでしたが、声を褒めてもらうことが増えてきて「楽しい」「この仕事とっても好きだな」とシンプルに感じました。確かに人前で話すのはとても緊張することではありますが、自分の話し方ひとつで聞いている人の心を動かしたり、共感を深めたりすることができる、そんなナレーションの仕事にとても惹かれていったのです。

もっとこの道を極めたいと考え、スクールで発声や話し方を学び、ボイストレーニングにも通いました。この好きを仕事にしたいという気持ちから、短大卒業後にはタレント事務所に所属しながらイベントの司会やナレーションのオファーを頂いていました。

この時、父の仕事を手伝うためにと、もう一つ資格を取得します。後にこちらも仕事で使うことになる宅地建物取引士です。取ったことに満足して、しばらく眠ったままになってしまいましたが、時間のある独身の時に、資格だけは取得しておいて本当に良かったと思っています。


24歳の時に結婚し、二人の子のママになり、子育て中心の生活になっていました。

子どもはとても好奇心旺盛で、いろんな習い事をやってみたいと言うようになりました。もちろんやりたいことはなんでもやらせてあげたいし、もっと教育にお金をかけてあげたい。しかし、会社員の主人のお給料だけでは何でもかんでもやれるわけではなかったので、近くの会社に事務員として働きに出ることにしました。

そこで私に与えられたのは、毎日決まったフォーマットに数字をひたすら入力したり、頼まれた資料をコピーしたりする簡単な業務でした。もちろんそういった地道な業務はどの仕事をしていく上でも必要になるポジションなのですが、ひたすらじっとしていることがあまり得意でなかった私には、正直退屈でたまりませんでした。毎日毎日、同じことの繰り返し。誰がやっても同じじゃないか、と感じるようになりました。お金を頂くってこうやって辛抱すること。仕方ない、みんなそうだからと、自分に言い聞かせていました。でも内心、どこかでこうも思っていました。「せっかくたった一度の人生を歩んでいるのに、時間が過ぎることばかりをいつも考えていて、なんてもったいないのだろう」と。

限界を感じた私は、久しぶりに夢ノートを開きました。自分の本当の気持ちは？　何がしたい？　何のしがらみもなかったとしたら叶えたいことって何？　そう問いかけながら。するとすぐに答えに気が付きました。自分のペースで仕事をしながら、自分の時間も家族との時間も大切にしたい。私にしかできない仕事がしたい！　まず私が浮かんだことは、大好きなナレーションの仕事をもう一度やりたい！という気持ちでした。

だけど、どこに所属しよう、ブランクがあるけど大丈夫かな？　不安な気持ちと共に時間ばかり過ぎていきました。起業すれば、働く時間も場所も自分で決められる。大好きな声の仕事を自分でやってみよう。その日の夢ノートにぎっしりとアイディアを書き、ワクワクした気持ちは今でも忘れられません。

それから6か月後に起業しました。イベントMCやナレーションの仕事を受ける会社です。登録のために役所や相談センターに何度も通い大変でしたが、とても楽しくて何だか久しぶりにとてもドキドキしました。起業については手続きも多く、分からないことが多かったのですが、独身時代一緒に仕事をしていたベテランの社長さんにも連絡をとって、経営者の在り方を親切に教えていただきました。

夢ノートのおかげで本当にやりたいこと、自分の本質に気づけました。最近は引き寄せの法則などよく聞きますし、スピリチュアル系のジャンルでも、夢を書き記すことが注目されてきたように思います。しかし実際は、そう大それたものではないと、幼い頃からずっと日課にしてきた私には分かります。きっとノートに書きこむことで自分の思考が言語化され、そのためにはどうすればいいかを客観的に見ることができ、望む未来のために何をすればいいのか、タスクが分かりやすいから夢への近道ができるのだと思います。

だからそう構えずに、夢ノートのことを知っていただければと思います。

わくわくする夢の叶え方

それでは夢ノートの書き方をご紹介します。

夢ノートは自分だけのオリジナルノートで正解はありません、自分の気分がいいと思った通りにやることが大切です。一例として、私のやり方をお伝えします。

まず用意するものはたったの2つ、お気に入りのノート（テンションが上がるかわいいノート、紙の材質がいいものなど自分が使う上で気分が良くなるもの）、お気に入りのペン、これだけです。今は既製品のスケジュール帳で、日記や目標を書けるタイプのものや、あらかじめ設問が用意されていてそれに書き込んでいくと自分のやりたいことが分かるタイプのものなどあります。私は自分流に、無地の手帳にお気に入りのブックカバーを掛け、かわいいシールや切り抜きを貼ったりして、自分がワクワクするものを作っています。

特にルールを定めず、思いついたことをどんどん書いていていますが、一つだけ決めていることがあります。嫌なことは一切書かず、明るく前向きな気持ちだけ記録に残すということです。本格的に夢ノートをやり始めるまでは、その日の良いことから嫌なことまですべてを書き込んでいました。そうすると、つらつらと書けるのは、ネガティブで嫌なことだったりしたのです。

例えば、あの人にあんなこと言われた。なんか挨拶したけど反応悪かった。オーディションに落ちて悔しい。朝起きるのが辛かったなど。嫌な感情を書いた夢ノートを後で読み返すと、その時の嫌だった感情がいつでも鮮明に蘇ってしまい、これではダメだなということに気が付きました。

もちろん、夢ややりたいことが出てくると、それと同時に不安な感情もでてきます。それ自体は悪いことでは決してありません、むしろ必要な感情だと思います。なぜ不安なのか、どうすればその不安が取り除かれるのか。自分に問いかけながら書いていきましょう。夢やビジョンを明確にして、全力で目の前のことに行動すれば夢が現実になるのですから。


私の夢ノートの構成は次の通りです。

まず1ページ目には、〈人生においてやりたいこと〉を思いついたタイミングでどんどん箇条書きにしています。自分だけのかわいいオフィスを作る、ユーチューブに挑戦するといった感じです。

そして、週ごとに書き込めるページに前日の夜に、次の日のスケジュールを確認しながらタスクを書き込みます。役所で○○の手続きをする。司会の原稿を半ページ完成させる。プランナーさんに連絡をとるなどです。

それを朝のコーヒータイムと共に確認しながら、これなら近日中にリアルに起きそうだな、起きてほしいなと思うハッピーを書きます。とっても素敵な、ご夫婦にオファーを頂けた、ＳＮＳに応援コメントをもらえたなど。

日中は仕事のメモを取るタイミングで、タスクがこなせていたらチェックマーク等で消込をします。そして一日を終え、寝る前のブレイクタイムで、今日起きた良かったこと、嬉しかったことなど具体的に感謝を書きます。

通販のナレーションの仕事で、言い方を工夫したら○○さんに「みくさんのおかげで売上が上がったよ」と言ってくれた。親友とのランチが楽しかった。肌が綺麗と褒めてくれたなど、自分しか見ないので遠慮なく書いてください。とにかく今日あったいいこと、嬉しかったこと、ポジティブな閃きなど、どんどん書いてください。私はオフの日で特別何もなかった時でも、夕陽がものすごく綺麗だった。スタバで夢ノート作成して楽しかったな。今日も家族が平和に健康に過ごせた。ありがとうという感じで書き込んでいます。そしたらこの日常に感謝して、明日もまた頑張ろうと思えます。

お勧めは朝、一言でもいいからその日にやるべきタスクを書き、そして夜寝る前に読み返すことです。これを1週間ほど続けると自然と習慣になってきます。

起業してから、最初から順調だったわけではありません。起業資金で出費は重なりますし、人脈作りも大変で、なかなか軌道に乗れませんでした。

ある日、2人の子どもから手紙を受け取りました。そこにはたどたどしい字で「ママ、このお年玉の五千円ママにあげるね。ママ、このお金返さなくていいからね」と書いてありました。もちろんそのお年玉は受け取っていませんが、幼い子をお金のことで不安にさせていたことで二重に落ち込みました。

この反省を生かして夢ノートに書き込みました。すると、家ではいつも笑顔でいる。お金の心配はさせない。仕事の話は軌道に乗るまで家でしないなど、課題も見えてきました。

仕事が順調になっても、昨今の新型コロナウイルスの影響でイベントや結婚式が激減してしまい、仕事が少なくなってしまった時期がありました。ナレーションの仕事はどうしても人が多く集まるところでやるものなので、本当に大きなダメージを受けました。

そんな時、夢ノートの「人生においてやりたいことリスト」に、「独身時代にとった宅建士の仕事をやってみたい」と書いていたことを読み返したことで思い出しました。これは今がチャンスだと、登録手続きに奔走した後、宅建業も始めることができました。今後はもっと勉強をして、こちらの仕事も自分なりに大きくしていきたいと思っています。

夢を夢で終わらせない

こうして私は、夢ノートと共にナレーションの仕事、結婚式のＭＣ、宅建業を続け、気が付いたら、これまでに７００組以上の幸せな場面のお手伝いをさせていただきました。感謝でいっぱいです。みくさんにお願いして良かったという声は、何より私の励みになります。

もうひとつ、私が大切にしていることに「自分が目標としている、夢をすでに掴んでいる人に会いに行く」というのがあります。元々風水の勉強が好きで、いつか仕事にしてみたいなと漠然と思っていたので、Ｄｒコパさんとお話ができる会に足を運びました。「ポジティブに運気を上げて、長期的に売上を上げることができる経営者になってくださいね。頑張ってね」と、その時にコパさんから頂いた干支の置物は宝物です。

瀬戸内寂聴先生の法話にも母と出かけたことがあります。父が病気で亡くなった直後で心が悲しみに暮れていたのと、話し方を学んでみたいという気持ちからでした。悲しみに暮れている私に寂聴先生は「お父さんは大丈夫よ。あなたはこの世の中でやりたいと思ったことは全部やってみなさい。この世の中は諸行無常だからね」と言ってくださり、心が洗われました。すべては移り変わっていく「諸行無常」、この言葉が大好きで、仕事で上手くいかないことがあった時など、事あるごとに思い出します。

人生80年の内、睡眠が27年、食事10年、トイレ5年という本を読んだことがあります。これを思うと、自分のやりたいように動き回れる時間って本当に少ないと思います。一日も無駄にできません。人生は一度きりだからこそ、もしあなたにやりたいことがあるなら、周りの目を気にすることなく、何か一つでいいから動いてみませんか。

「今は忙しいから」「この悩み、この心配事がなくなったら始めよう」でもそんな時って私も経験していますが、なかなか来ないです。そういう時はできることを一つでも探してみてください。そしたら嫌でも行動も結果も付いてきます。

その始めの一歩が踏み出せない人は、思いきってできることから新しい一歩を飛び込んでみてください。昨日とは違う新しい何かが変わります。叶う人と叶わない人の違いは、叶う前にやめてしまうからだと私は信じています。「絶対に叶える！」と願望を強く持ち、信じて行動に移すことで夢は叶っていきます。

ここまで読んでくださり、本当にありがとうございます。

一度きりの人生、どうかあなたの「好き」を叶えてあげてください。

私も一緒にがんばります！

Message

あなたへのメッセージ

夢が叶わない人の共通点は、
叶う前にやめてしまうこと。
「絶対に叶える！」と
信じて行動に移すことで
あなたの夢は叶う。

長瀬みくさんへの
お問合わせはコチラ

FLOWERSROOM
生花店経営

西田宏美

「花屋を一生やろう」
と覚悟を決めた瞬間！
自分らしく
生きるための
心の在り方

Profile

1982年、静岡県出身。18歳で娘、22歳で息子を出産。手に職をつけたいと通信でフラワーアレンジメントの資格を取得。いくつかの仕事を経て、一生花屋をやろうと心に決めて修行に入る。36歳の時に自宅の敷地内に生花店をオープン。5年後に路面店へ移転。現在はお店のアップデートのためにまた新たな場所にお店を移し、「人」の為に花を扱う、お客様の気持ちに寄り添うことを一番大切にして店頭に立ち続けている。

1日の
スケジュール

Morning

6:00 起床

7:30 花の仕入れと水揚げ作業

10:00 開店

接客、花束アレンジメント等作成、
発注やディスプレイ替えなど店頭業務

18:00 閉店

19:30 帰宅し夕食

24:00 就寝

Night

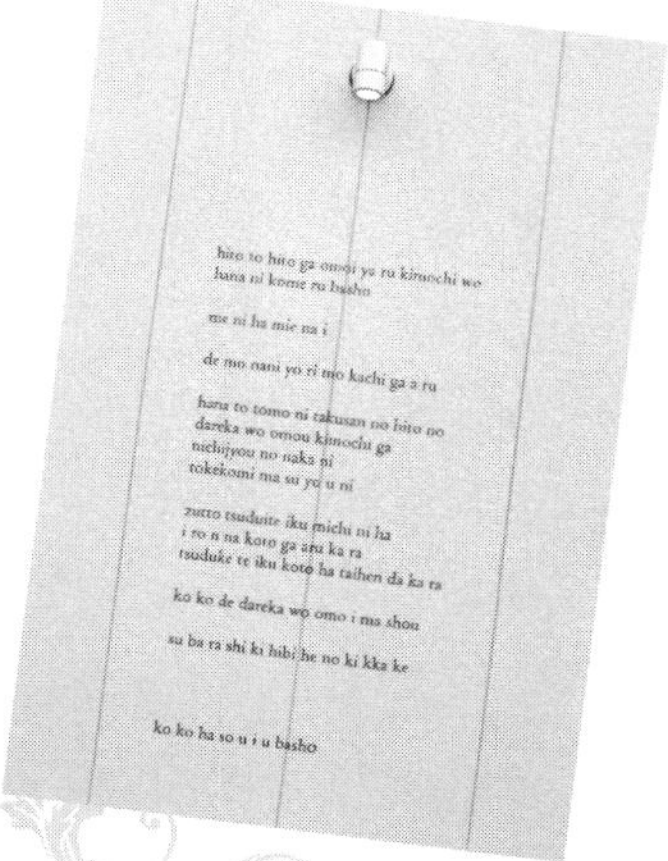

自分の心に従う

私が自分の体に刻みつけた言葉は「自分の心に従う」です。いつも自分ができることではなく、したいことを選んできました。それが習慣となって、今ではいつも自分の心に矢印が向いている状態。自分がどう在りたいのかを問い続けています。

始まりは当時18歳だった私が、まだ赤ちゃんの娘を抱いて、雑誌をペラペラとめくっていた時でした。高校を中退して娘を出産し、学歴のない自分が仕事で自己を確立していくことは難しいという現実に直面しました。求人を見ればほとんどが高卒以上。何か手に職をつけなければ、そんな思いに駆られていました。

雑誌の折込みに、通信で資格が取れるというページを見つけ、何となく花の資格が目に留まったのです。育児をしながら資格を取得、「いつか花屋で働けたらいいなぁ」そう思いながらも、その後に息子が産まれ、家庭優先で土日休みの事務の仕事などに就きました。

それから、娘が小学生、息子が保育園となった頃、近くのショッピングセンターに自分の好きなセレクトショップがオープンすると知り、転職。毎日やりがいを感じながら仕事を楽しんでいました。

母の日の前のある日の事、女性客で混雑する店内で、中学生くらいの男の子とお父さんが靴を選んでいました。恥ずかしそうに、でも一生懸命に。私は二人から目が離せなくなりました。その向こうにいるお母さんを想像して、「これからもずっとこういう景色を見ていたい」。花屋を一生やろうと心に決めた瞬間でした。

一生と決めたからには自分で店を立ち上げるしかない。それは何かに追われる夢を見続けた、長く苦しい葛藤の7年間の始まりでもあったのです。

そこからいくつかの花屋で修行をし、休日はレッスンを受ける日々。開業資金を貯めるために派遣の仕事をしたりもしました。家庭を持ちながら夢を追う。ゼロからの挑戦の中で、私が唯一できたことは「夢を思い続ける」。それだけだったように思います。

今思えば、私はいつも自分の心に正直にいました。ショップにいた頃、私はお客様が気持ちよく過ごせるように接客することをいつも心掛けていました。そうすれば結果は必ずついてくる。ある日、何も買わずに店外へ出たお客様を見送った後、店長に「今のお客様はなんで何も買わずに出て行ったんだろうね」そう聞かれました。大きな違和感を覚えて、私は物を売るためにここにいるんじゃない。どうしても売上に貪欲になれず、自分は店に立つということに向いていないんじゃないかとまで思えてしまったのです。その数日後、面接のため、店に来ていたマネージャーに「私は物を売るためにここにいるんじゃありません。お客様にはこの場所にいる時間を楽しんでもらいたいんです。自分のやりたい接客ができないのであれば、ここにいる意味を見出せません」パートの身でしたが訴えました。マネージャーは黙って話を聞き終え「そこまでお客様のことを思ってくれているなら、あなたはあなたのままでいいよ」すぐにそう言ってくれました。

その時はもう自分の店を持ちたいという夢があったので、私は私のやり方でいいんだ、店を持つ夢も諦めなくていいんだとほっとしました。

決心はいつの間にか決意となっていたのかもしれません。

時間をかけて自分のままにい続ける中で、「一生花屋をやろう」という思いが現実へと近づく準備ができていました。たくさんの人の力を借りて。

だから、自分一人にできることは「思い続ける」それだけです。自分の思いに正直にいる。相手が誰であろうと、どんな場面であろうと私はその思いを都度言葉にしてきました。言葉にして外側に放つことで、自分をその思いの場所に連れていくような感覚です。今まで多くの人が私の言葉を聞いて手を差し伸べてくれました。人は一心に思う人の姿に心を動かされるのではないかなと思うのです。

何かを始めるきっかけは何でもいいんです。私は学歴のない自分に自信を持てずにいたネガティブな感情がきっかけでした。でもそれをパワーに変えることができたし、辛抱強く待つことができました。

歩を進める間、自分ひとりではきっと心もとないから誰かの力を借りましょう。何かをしたい、自分はこうありたい。思いが定まったら外の世界は動いていきます。その思いに嘘がなければ目の前の人に必ず伝わり、人の行動をも生み出すんです。自分らしく生きているだけで誰かに影響を与えられるとしたら、それはとても素敵なことです。

自分のやり方でいい、やりながらまた自分を知って、それを誰かに伝えて、思いの循環を作る。現実はそれにきちんとついてきます。だからいつでも自分の心に従うこと。

生きている実感を体験したことのある人は、一体どのくらいいるでしょうか？

自分らしくいることをずっと心掛けていると心が喜びで満たされる、悲しみで疲弊する感覚が分かるようになります。

自分の心にいつもいつも確認をする。

「自分はどうしたいの？」

私達は今という瞬間を生きながら、それを積み重ねているのです。

誰かと一緒に生きるという事

1月20日、7年もの準備期間を経て、自宅の敷地内に花屋をオープン。その日は娘と息子の誕生日のちょうど間の日です。長く苦しい葛藤の日々をずっと支えてくれた二人への感謝の気持ちを込めて、その日を選びました。

私がこの文章の中で伝えたいことの一つ、それは親子の在り方についてです。

娘と息子は本当に立派に育ってくれました。共に歩んだ22年間のなかで、私は子供達の前でも自分で在り続けました。人間臭さみたいなものを、存分にさらけ出してきたように思います。

1章で書いたように、開業前、資金を貯めるために派遣の事務の仕事をしていた時期がありました。本当に開業できるかも分からない状態で、花から離れていたし、忙しい仕事だったので帰りが遅くなることも度々ありました。でももうやるしかない。この頃が7年間の修行期間の中で、一番辛い時期だったかもしれません。

その日も帰りが遅くなりました。晩御飯の時間はとっくに過ぎている。二人は当時小学校低学年と保育園児で、お腹を空かせて待っていたと思います。急いで帰宅をし、玄関を開けて謝ろうとしたら、二人が笑顔で「おかえり」と言ってくれたのです。

ずっと張り詰めていた糸が切れて泣きました。土下座をしながら、「こんなお母さんでごめん。自分の夢のために迷惑かけてごめんね」。自分が情けなくて涙が止まりませんでした。

顔を上げた私の目を娘はまっすぐに捉えて、はっきりとこう言いました。

「ママは自分の夢に向かって頑張ればいい。大丈夫だから」

私はこの時の事を一生忘れないと思います。目の前で泣きじゃくる母を見て、娘はこの時を本気で生きたのだと思います。今にも自分がいる場所から落ちてしまいそうな私を救い上げてくれました。

オープン2日目は木曜日で、なんと来客がゼロでした。「もうやめる」その頃は小学生になっていた息子の背中に突っ伏して、もうやめるやめるやめるとわめき散らしました。

息子はそんな私に一喝。

「見損なったね。そんなことを言っている暇があったら、他にやることがあるよね？」

もうどちらがお母さんか分からないくらいに子供達にずっと頼りきり。ここから数年後に私は人生で大きな決断をすることとなるのですが、その時は息子がそばで支えてくれました。娘とは違うやり方で、この世でたった一人になった私を救い上げてくれたのです。

誰にも私の気持ちは分からない、孤独な場所にいる私を一人にさせないように「アイス買いに行こうか」なんて言って外に連れ出して、肩をポンポンと叩き、「気持ち分かってるから。大丈夫だから」。駅のベンチに私を座らせて「落ち着いたら言って？　それまでダンスでも踊ってるからさ」誰かに寄り添うというのはこういうことなのかもしれません。

よく子育てについて聞かれるのですが、二人が自立をした今思うのは、子供達とは一緒に生きてきた、一生懸命に。ただそれだけだと思います。

私の好きな喫茶店のマスターがある時教えてくれました。「本気で生きるっていうのは、頭の思考、心の感情を飛び越えて何かをするということなんです」って。

二人は私の為にそれをしてくれたし、これからも私達は一緒に生きていく。共に歩んだ日々は何にも変えられない、もし私の生きる姿が、二人の血となり肉となってきたならとても幸せだなと思います。

子育てに正解はありませんが、一生懸命に向き合い続けた日々の答えは、これから二人がきっと見せてくれる。そう信じています。誰かと共に生きること、それ自体がとても幸せなことだとたくさんの人に伝えたいなと思います。

二人に心からの感謝を込めて。

これからもずっと1月20日は私にとって大事な大事な日です。

自分に向き合い続けて

「本当はもっと分かりやすい場所が良かったな」

6畳ほどの小さな店の中でSNSは発信すれど、何回行っても辿り着けなかったというお客様の声が耳に届く度、不親切な場所という思いが拭えませんでした。もっと頑張らなきゃと肩に力を入れて、仕事と家庭の両立で無理をしていました。

自宅敷地内の店のオープンから3年4年と月日が経って、娘が専門学校進学のために家を出た頃、私の中である思いが芽生えてきたのです。

「私はこれからどう生きていきたいんだろう」

何となく当たり前にしてきた自分に向き合うという作業を、この時初めて意識的に行いました。自分はどう在りたいのか、自分にとっての幸せとは何か。それを1年間自分に問い続けました。

高校を中退して家庭に入った私は、自立をして生きていくということに強い憧れがあったのだと思います。自分らしく生きていこう。この時の私にとって自立をするということは離婚をして自分の力で生きていくということ。自分に誠実になればなるほど大事なものが見えてきて、それと同時に背中を押してくれるような出来事が次々に起こり始めました。

学歴もキャリアもない私が、自分の技術だけで自立を目指すなんて無謀すぎる……行きたい、でも怖い。大丈夫だよ、そう背中を押してもらっていたのかもしれません。

きっと、ずっと抱き続けてきた自分にとっての幸せを、私がしっかり願い始めたからだと思います。その後は離婚と移転を同時にして、第2の人生のステージへと踏み切って行きました。今は新しいお店で自分のしたいことだけをしています。

人の為に花を扱う、素敵なお客様達に育ててもらいながら自分にしかできない表現をしてお店が続いている気がします。自立というにはまだ頼りないですが、昔の自分と大きく変わった今、仕事は人生の一部。とにかく自分のしたいことだけを選択して楽しもうと、いい意味で肩の力が抜けてきました。

離婚をしたことで子供達には辛い思いもさせてしまいましたが、必ずこれで良かったというところに着地をさせようと何度も話し合いました。母親であるという責任は果たしたかったので、結婚から20年、子供達をしっかり育てられる環境は手放さなくて良かったなと思います。

人生は選択の連続で、結局は自分の思う通りになる。

それを身を持って体験してきました。

どんな時でも自分がどう在りたいか、それを見出せたら必ず前に進んでいけます。まずは自分を満たしてあげること、そうしたら他の大切な誰かも満たしてあげられるはずです。

FLOWERSROOMというお店のサブテーマは、「素晴らしき日々へのきっかけ」です。私が今までに体験してきた事のすべてを持って、お客様をそこに導いていけたらといつも思っています。

人の為に花を扱う。一生花屋をやろうと心に決めたあの瞬間から、ずっと変わらない仕事人としての私の信念です。

だからこそ思うのが、生き方はオリジナルでいいということ。みんなそれぞれ生きてきた道が違います。人は自分のしてきたことしか表現ができないと何かで読んだことがあります。私にしかできないことがあるように、あなたにしかできないことがある。

仕事でも何でもいいんです。

自分にしかできない表現を、ぜひ読者の皆さんも見つけてください。

女性としての幸せ

最後の章で私が伝えたいこと、それは女性らしくいることを大切にしているということです。女性オーナーとして店を構え、夢を追い続けてきた長い年月の間には、辛く悲しい出来事もたくさんありました。

女性が一人で自分らしく生き抜いていくには、困難なこともたくさん起こります。私がいつも立ち向かう先には女性を軽視する行動があり、だから女性経営者は強くならざるを得ない。男性並みに。そんなことも身を持って体験してきました。

ですが、私は女性らしくいることをとても大切にしています。花屋という職業柄、たくさんの人の気持ちを預かって花に込めていますが、誰かを想う人の姿は美しいです。

特に私の店は何か特別な空気があるようで、なかなか人には言い辛い本音を話してくれたり、話しながら涙を流したりする方もいます。たくさんの人がいる中で、いろいろな事柄が起きる中で、思いがけず傷つくようなことがあれば、その時は私のいる場所に来てもらいたい。そんな人にこそ私は寄り添いたい。

そうやって誰かに寄り添えるのは、私の心が枯渇していないからだと最近よく思います。

この文章を書きながら、今までの事を振り返って気がつきました。

今でもよく見返すメッセージ。

「成功したらそれが道になるから。また話そう」

人としても女性としても私を認めて寄り添ってくれたこの言葉は、今でも見る度に幸せな気持ちになります。私が自分の幸せに向かって勇気を持とうとしていた頃に届きました。

悲しみを抱えた分だけ人は強く優しくなれる。私の腹の底にある強さと、心の根っこにある優しさは、自分一人で築いたものではありません。

たくさんの女性に素敵な出会いをしてもらいたいです。目の前にいる人を認めて寄り添う事が出来る、そんな素敵な人との出会いを。お客様の誰かを想う気持ちを、私がいいなぁと思える、受け取れるのはそんな素敵な出会いを体験しているからだと思います。

どんな困難があろうとも、私は私で在り続けたいし、女性らしくもいたい。誰かを大切に想う。女性としての幸せも私はちゃんと願い、信じ続けています。

この本を手にとってくれたすべての女性に伝えます。

自分の幸せは自分の心だけが知っています。誰かと比べる必要も自分を偽る必要もない。自分がどう在りたいか、自分の幸せとは何かを問い続けてください。

人は幸せになるために生きています。

意志こそすべて。自分を愛し、信じ続けてください。

そして誰かを精一杯愛しましょう。

これを書いている頃、また私は新たなステージを目指して前に進んでいます。何が起こるか分からない未来へ向かっていくのはとても勇気のいることです。

最後に信じられるのは自分しかいない。

だからこそいつだって自分らしくいるべきです。

必ず誰かが見ていてくれています。

自分らしくいようと、時には落ち込んだりもがいたりするかもしれないけれど、いつか笑って話せる時がきますから。


あなたはどう在りたいですか？

私は自分の生きる道が誰かのロールモデルになればと思っています。

たった一度しかない人生、自分を満たすことはもう知ることができたから、自分以外の誰かを明るく照らせる人になりたい。その人が自分を明るく照らせるように。

いつでも前向きに明るくキラキラしていたいですね。それが一番です。

Message

あなたへのメッセージ

いつもいつも
自分の心に聞いてみて下さい。
自分はどう在りたいのかを。
意志こそ全て。
まだ見ぬ景色に憧れる気持ちが
あなたを新たなステージへと
連れていってくれます。

西田宏美さんへの
お問合わせはコチラ

一般社団法人日本令和研究所 理事長
皇室の研究・取材・執筆

三荻祥

飽くなき好奇心が実現させた！3人の子育てをしながら皇室を研究する事業へ辿り着いた道のり

Profile

昭和59年香川県生まれ。大学卒業後、日本青年協議会に就職。平成22年土光杯全国青年弁論大会（産経新聞）にて最優秀賞受賞。平成26年結婚のため退職。フリージャーナリストとして皇室にかかわる取材や講演活動を行う。3人の子育てが落ち着いたのを機に、令和4年（社）日本令和研究所を設立。『天皇陛下がわが町に』（共著／明成社）、月刊『正論』（産経新聞社）にて論文多数寄稿、平成24年『新皇室入門』（BS フジ）出演。

1日の
スケジュール

Morning

6:30 起床・家事

8:00 子供たちの送り出し、幼稚園・保育園への送り

10:00 事務所へ出社もしくは関係各所への取材や打ち合わせ

16:00 帰宅・家事

17:00 子供たちの迎え

18:00 夕食

19:00 お風呂・子供たちの寝かしつけ

21:00 家事

22:00 執筆、読書など

25:30 就寝

Night

天皇陛下についてもっと知ろう

ジャーナリスト 三荻 祥

てくださる天皇陛下が「本物」

皇」におなりあそばす儀式を

行えないことがあった。大嘗祭を

行えなかった天皇を「半帝」と称

溢れる好奇心が導いた「皇室」への関心

幼いころから歌うことが好きで、滑り台のてっぺんをステージに見立てて、歌を歌っていました。歌手になりたいと思った時期もあり、駅前でフォークギターを抱えて歌う友人たちとともに、当時流行っていた「ゆず」などの歌を歌っていたこともありました。

高校の修学旅行で行った長崎県で、どこまで行っても乗車料金が100円（当時）の路面電車にワクワクし、異国情緒あふれるグラバー園などの景色に感動した私は、もっと長崎を知りたいと思い、長崎大学を受験。無事に入学することができました。

そんな探求心と好奇心旺盛な私は、大学2年の頃、知人の紹介で、稲佐山の麓の神社で巫女のお手伝いをすることになりました。境内の清掃の他、お守りの授与や神事の手伝いなどをしていましたが、休憩の時などに、宮司さんが我が国の神話である古事記や皇室の話を聞かせてくれました。皇室が2600年以上続いていることや皇室が途絶えそうになった時に、その危機を救うために命がけで戦った和気清麻呂を始めとする多くの人たちがいたこと、また皇室とは常に国民の幸せを祈っている存在であることなど、そのほとんどが初めて聞く話ばかりでした。

特に興味深かったのが、敗戦後、昭和天皇が全国各地をご訪問された話でした。例えば佐賀県の因通寺で戦災孤児たちを慰められたとき、昭和天皇は一人一人に「立派にね、元気にね」などとお声をかけながら頭を撫でられました。すると子供たちは昭和天皇に対して「お父さん……」と。孤児たちの身の上を気の毒に思われた昭和天皇は、あふれる涙をぬぐおうともせず、「うん、うん」と頷かれながら、その場を後にされた、という話でした。また、真夏に福島県の炭鉱をご訪問された際には、地下の蒸し暑い中、ふんどし姿で作業する炭鉱夫たちを励ますために、背広姿のままでトロッコに乗られ、蒸し暑い地下450メートルまで降りて行かれた話も聞きました。

皇室については、にこやかに手を振っている方、というテレビで見ただけのイメージしかなかった私ですが、このような昭和天皇と国民の間にある心あたたまるエピソードを聞き、皇室というのは、我が国にとってとても特別な存在なんだと漠然ながら感じるようになりました。

大学3年の頃、突然ニュース番組やワイドショーで皇室について取り上げられる機会が増えていました。それは「皇室典範」という皇室の決まり事を記したものについての改定をめぐるものでした。皇族の数の減少と当時の天皇陛下の孫の世代が女性皇族ばかりだったことで、今後の皇室のあり方をどうするべきか、小泉純一郎首相を中心に政治の場で議論している、というものでした。

新聞やニュースを見ても、なんだか難しい話で、どう考えればよいのかはよく判らなかったのですが、ただ、改定の内容如何によっては、将来的に皇室が無くなってしまうのではないか、ということに気付きました。その時、神社の宮司さんから伺った皇室の話が頭をよぎりました。果たして２６００年以上続いてきた皇室を、今の私たちの判断で無くすようなことになってしまってもよいのだろうか、と考えたとき、皇室がなぜこんなに続いてきたのか、そもそも皇室とは何なのか、どういったご存在なのかについて自分なりの解答を持ちたい、と思うようになったのです。

とは言っても、どこに行けば本格的にそのような勉強ができるのか、よく分かりませんでしたので、宮司さんに聞いたところ、とある出版関係の団体をご紹介いただきました。そこでは皇室についての歴史や文化などの研究のほか、天皇陛下や皇族が全国をご訪問されるときの取材活動などができると聞き、早速調査。いろいろな方の協力を得ながら、大学卒業後はそこに就職することが決まったのです。

興味や関心を持ったことに積極的に取り組んでいけば、必ず協力者が得られ、より良い方向へと道は開かれていくのだと、その時に感じました。

貧乏旅行でも「自分の目で確かめる」大切さ

就職して暫く経ったある日、ふと「天皇陛下にお目にかかることはできないだろうか」と思うようになりました。テレビのニュースなどではオリンピックでメダルを獲得したアスリート、大会で素晴らしい成績を修めた棋士などが園遊会に招かれて、陛下とお言葉を交わしているシーンを目にしたことはありました。しかし私はアスリートでもなければ特殊な技能を持っているわけでもない、いち民間人です。普通ならばここで「天皇陛下にお目にかかりたい」などということは大それたことであり、実現不可能だと諦めるでしょう。

しかし何か方法があるはずだと考え、インターネットで検索してみました。すると「皇居勤労奉仕」という宮内庁主催の催しがあることが判りました。これは平日の連続する4日間、皇居や赤坂御用地で清掃や庭園作業などの奉仕を行う企画で、無料で参加できるものでした。その途中で天皇皇后両陛下にお目にかかる機会があるというのです。

早速、宮内庁から資料を取り寄せてみると、参加条件は15歳から75歳までの健康に自信が持てる15人以上の団体ということでした。そこで学生時代の知人に声をかけ、私が団長となって勤労奉仕団を結成。参加者は全員10代、20代の女性でしたが、「雰囲気を出したい」

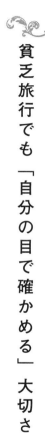

ということで、全員白の割烹着を着用して参加しました。

いざ奉仕作業が始まると、一般参賀で皇室の方々がお手ふりをされる宮殿の中庭を見学できたり、天皇陛下がお田植をなさる田んぼの草抜きをしたり……と、ニュースなどで目にする場所に実際に行くことができ、奉仕中は興奮の連続でした。

3日目、ついに天皇皇后両陛下にお目にかかることができました。宮内庁庁舎の裏手にある蓮池参集所で団体ごとに整列して待機していると、両陛下が車でお越しになりました。各団長に対して、それぞれお言葉を賜るのですが、両陛下が私の目の前にお立ちになった時、その距離なんと1．5メートルほど。あまりの近さにまず驚きました。そして「どのような活動をなさっているのですか」「台風の被害はどうでしたか」など色々なご質問のあと、「ありがとう。体に気を付けて頑張ってください」と励ましのお言葉をいただきました。

たかだか2分程度の事でしたが、それはまるで夢のような一時でした。天皇陛下に直接お目にかかれたこと、「ありがとう」とのお言葉を直接かけていただいたことが嬉しくて、気付けば涙がこぼれていました。「陛下に、頑張ってください、とお言葉を戴いたのだから、よし頑張るぞ！」というやる気も自然と湧いてきたのです。そのような体験から、天皇陛下からお言葉を賜った全国各地の人々も私のように嬉しくなったり、やる気が出たりしているのではないだろうか。是非、天皇陛下にお会いした人々に話を聞いてみたい、と考えるようになりました。そこで考えたのが、天皇陛下が全国各地をご訪問になった際にお言葉をかけられた人を探しだし、実際に会いに行き、話を聞いてみる、ということでした。

早速、宮内庁のホームページから、天皇陛下の過去のご日程を調べ、関係する新聞記事やインターネットの記事から、訪問場所や面会した人をリストアップしました。次にメールやファックスを送信して、アポ取りを始めました。

最初は、見ず知らずの小さな団体からの取材依頼を受けてくれるのだろうか、との不安はありました。しかし実際に連絡を取ってみると、「天皇陛下の事であれば」と、ほとんどの方が快く取材を受けてくださったのです。こうして私の全国取材が始まりました。

当時は20代前半でしたから、金銭的に余裕があるわけではありません。飛行機ではなく夜行バスやレンタカー。車中泊もしばしばでコンビニのおにぎりばかり食べていました。しかしそんな環境が苦にならないほど、「知りたい！」という意欲が勝っていたのです。

私がまず訪れたのが東京都の三宅島でした。三宅島は都内から約175キロ南に位置する伊豆諸島の小さな島です。夜10時半に竹芝ターミナルからフェリーで向かいました。

小腹が減ったので売店でカップラーメンを購入。お湯を注ぎ、いざ食べ始めたのですが、あまりにもフェリーの揺れが大きく、スープが淵からこぼれそうになりながら何とか完食しました。朝5時頃、ようやく島に到着。コンビニで朝食を買って、レンタカーの予約の時間まで島内を見て回ろうと思い、下船しました。

ところがそれは大きな誤算で、島にコンビニはなく、当然ながらどこの商店も開店前。船酔い気味の体を休めるために縁石に腰掛け、自宅へと向かう島民たちの背中をただただ眺めながら、時間が経つのを待ったのも、今では良い思い出です。

さて三宅島ではまず町長に取材しました。町長によれば、平成12年に大規模噴火が発生し、島民たちは全島避難を余儀なくされたと言います。島民らは東京都八王子市や多摩市、静岡県の下田などで避難生活を送ることとなりました。その際、天皇皇后両陛下（上皇上皇后両陛下）はそれぞれの避難所をお見舞いされ、島民を励まされたのです。町長は、「私たち島民のことを気にかけてくださり、避難先にアイスクリームなどを差し入れてくださいました。何度も何度もお見舞いに来てくださったので、島民の間に避難生活は大変だけれども支えあって乗り切ろう。そして必ず島に戻ろう、という気力を持つことができました」と話してくださいました。平成17年に帰島が実現しました。その翌年、復興状況のご視察のため、両陛下も就航したばかりの飛行機で三宅島をご訪問されました。その際に、

ガス噴出　未だ続くも　この島に　戻りし人ら　喜び語る

という和歌をご発表されました。町長たちは、両陛下が三宅島の島民たちに寄り添ってくださったことを後世に伝えたいと考え、和歌を刻んだ大きな石碑を建立したのです。

実際、三宅島の役場前には私の背丈より高い歌碑がありました。島の人々の感謝の気持ちの大きさが伝わってくるようでした。

三宅島での取材の後、福岡西方沖地震の被災者の取材のため玄界島を訪れたり、ハンセン病患者への取材のため沖縄県を訪れたりと全国各地へ足を運びました。病気や障害のため社会的に弱い立場に置かれている人々や、大規模自然災害に直面し、苦しい生活を余儀なくされている人々など、これまで150名を超える方々に取材してきましたが、多くの方々が「両陛下は自分たちの心に寄り添ってくださった」「私たちの苦しみや悲しみを受け止めてくださった」「両陛下のおかげで前に進むことができた」など、涙を浮かべながら話してくださったのです。取材を通して、皇室は直接的な支援や経済的な援助など目に見える支援をするわけではありませんが、天皇陛下の存在によって救われたと感じている人がいる、という事実を目の当たりにしました。そうやって人々の精神的な部分を支えてくださっているのが皇室であるということは、大きな発見でした。

取材した内容は月刊誌に寄稿したり、全国各地での講演で話したりしました。

実際に足を運び、自分の目で見て、耳で聞くことで、本やインターネットの情報だけでは知り尽くせない事実にたどり着くことができる。そしてその体験を通して、自分の関心事についてより深く、そして広く考察できました。

これでは参ってしまう！　子育ての過酷さに直面

平成26年7月、それまでの職場を離れ、福岡に移住し、フリージャーナリストとして再出発しました。その後結婚し、翌年には第一子が誕生しました。母親とは大変な務めです。3時間おきの授乳のため、まとまった睡眠時間を取れなくなりました。また起きている時間の大半は、赤ちゃんを抱っこしており、1か月経つ頃には両手首は腱鞘炎。肩こり腰痛になるも、整体に通う時間も取れず、その「重労働」さをひしひしと痛感しました。

しかしながら初めて授かった我が子。今日は物が掴めた、今日は喃語が出た、今日は寝返りを打てた、と日に日に成長していく子供の愛らしさに癒されていました。

一方で仕事はというと、頻繁に行っていた取材には行けなくなりました。また、これまで関係があった諸団体の方々は「子育て中で忙しいだろうから」と気を遣ってくれたのか、講演等の仕事の依頼がぐっと減りました。今のご時世、インターネットがあれば何でもできるから福岡にいてもそれなりに仕事はできるだろう、と思っていましたが、仕事関係の知人のほとんどは東京にいたため、頻繁に情報交換ができませんでした。そのことは思っていた以上にマイナス要因で、その結果、周囲に自身の存在を示せず、いくつかの仕事を逃してしまいました。

子供が幼稚園に入園してしばらくしたころに、第二子が誕生しました。ちょうど上の子は自己主張が強い時期。これまで自分優先だったのに赤ちゃんのお世話に追われる母親に「ちょっと待っててね」と言われることに耐えられず、泣き喚くことが多くなりました。

こっちで赤ちゃんが泣き、あっちで上の子が泣き喚く。そのタイミングで電話が鳴ったり、インターホンに呼び出されたり、お鍋が噴きこぼれそうになったり、飲んでいるコップがひっくり返ったりと、タイミングの悪さは重なるものです。職場での仕事はそれなりに捌けていましたが、こればかりはもうどうすればよいのか解らなくなり、こっちが泣きたくなるような状況になることもしばしばでした。幼稚園が遠かったため、近所にママ友もいない、主人は帰りが遅いため育児を代われない、悩みが話せる友人たちはほとんど東京にいる。このままでは私自身が精神的に参ってしまう、と考えていたちょうどその時、主人が東京で仕事をすることになりました。これでなんとか状況を打開したい、と思い、私も子供たちを連れて東京に戻ることを決めました。

幼少期の子供たちのワンオペ育児は想像以上に過酷です。その過酷な状況を乗り切るには、なんでも話せる友人と育児をサポートしてくれる存在が必要だと感じています。両方の存在がある東京に引っ越したことで、私の状況は大きく開けていきました。

仲間の存在と一歩踏み出す勇気

平成が終わり、御代替りした令和元年。皇室では秋の大嘗祭の準備が進められていました。大嘗祭とは、新しい天皇の即位に伴って一代に一度だけ行われる祭祀です。東西から一軒ずつ選ばれた農家がその年の新米を献上するほか、全国各地の農家や漁師らがそれぞれの地の特産物などを奉納します。夕方と深夜の2回行われる大嘗祭では、それらを天皇陛下が祖先である天照大神と共に食すと言われており、国民が飢えることなく幸せに暮らせるように、そして国家が安泰であるように、との祈りが捧げられます。

大嘗祭の報道が行われ始めた令和元年7月。私は東京での活動を再始動しました。まずは関係各所への挨拶廻りや知人が開催する会合に出席し、近況の報告をしながら原稿の執筆の仕事をいくつか受けました。子供を抱っこしたまま打ち合わせをすることもありましたが、やはり電話やメールでのやり取りとは違い実際に会って話をすることの意味は大きく、仕事の幅も広がっていきました。東京に住んでいた義理の両親や実の両親に子供たちの面倒を見てもらえたため、取材や講演活動なども受けることができるようになりました。

その年の暮れから広がり始めた新型コロナウイルスの影響で講演活動などはストップし

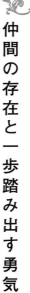

ましたが、第三子の出産育児と重なっていたため大きな影響はありませんでした。またその時間を使って事業を始めるための勉強や準備期間として活用することができました。

その際、特に注目したのが先にも述べた大嘗祭です。その様式や作法の一切は伝統に則らなければなりません。しかしながら後継者不足による技術者の不在や物価の高騰、材料の確保ができないなど、実は令和の大嘗祭を行うに当たってはいくつかの課題がありました。次の御代に替わった時に、従来の伝統通りの大嘗祭が開催できるのかが危惧される状況にあるのです。これまでの取材や研究活動を通して我が国にとって皇室はなくてはならない存在であり、また皇室の伝統の最たるものである祭祀はその伝統のままに守られなければならないと考えてきたため、この大嘗祭の伝統をどのように次の御代に受け継いでいくのか、について研究する必要性を感じました。

これまではフリージャーナリストとして個人で活動してきましたが、共に仕事や活動してきて志を同じくする先輩や仲間たちとこの課題に取り組みたいと考えました。それぞれに連絡を取りながら自分の想いを伝えました。皆、ぜひ一緒に取り組みましょうと賛同してくださり、一般社団法人を設立することにしたのです。様々な手続きを経て、令和4年2月、一般社団法人日本令和研究所を設立しました。その後、設立大会や動画の配信など、様々なプロモーションを経て、入会いただいた会員の方々と共に活動を行っています。

現在は天皇陛下のご訪問をうけた方への取材活動、大嘗祭に献上する品々を作っている農家や技術者の実態調査等を行っています。そしてその内容は、動画で配信したり勉強会を開催して周知したりしています。こうした活動への反響は思った以上に大きく、「皇室は大事だと思っているが自分に何ができるのかわからなかった。日本令和研究所が皇室について研究し、それを発信してくれるのはありがたい」「皇室の伝統を支えるために活動してくれるなら支援したい」「同世代の人たちが皇室の未来を考え立ち上がったので、自分も一緒に活動したい」といった声が、支援してくださる方々の間から数多く寄せられました。

私はいわば普通の大学生でしたし、今は3人の子育てをする普通の主婦です。しかし「皇室のことを知りたい」という好奇心は、知り合った宮司さんの紹介で皇室を研究できる職へと辿り着きました。そこでの調査・取材の積み重ねは、「皇室は大切な存在だ」という考えに至り、「皇室の伝統を支えたい」という気持ちを持つことができたのです。さらにこの想いは、これまで共に活動してきた仲間たちの存在によって社団法人の設立という形になりました。子育てを手伝ってくれる両親たちの存在も不可欠です。

今ある環境を変えたい、新しいことにチャレンジしたいと考え、勇気をもって一歩踏み出したとき、そこには必ず協力者が現れ背中を押してくれる。そのことは私の体験を振り返った時、声を大にして言えることです。

Message

あなたへのメッセージ

好奇心と探究心を忘れず、
志を持って一歩踏み出せば、
自ずと仲間が集まり、
可能性は広がっていく。

三荻祥さんへの
お問合わせはコチラ

Office ERIKO 代表
コンサルティング事業／浄土真宗尼僧

翠乃絵里子

8つ目の苗字を
持つほどの
波乱万丈人生を送った
治療家が辿り着いた
「僧侶」という
新しいフェーズ

Profile

東京都新宿区生まれ。幼少期より、人の役に立てる仕事がしたいと切望。1995年、東洋医学の世界に入る。その後、心と身体に関する資格を多種取得。自宅の一室での開業からこれまで延べ数3万人超の施術、数百人のセラピスト育成の実績を持つ。現在は人間の達人として複数の事業を北海道と神奈川、及びオンラインにて展開中。また浄土真宗の尼僧として無料相談を実施、人が抱える苦しみに対峙。新しい神仏習合の世界を模索中。

1日の
スケジュール

Morning

5:00 起床・瞑想・情報空間遠隔操作・弁当作り

6:00 入浴・身支度・運動

8:30 業務開始　週二回午前中にジムで運動

19:00 月に数回会食

20:00 残務・事務作業

22:00 就寝

Night

波乱万丈すぎた人生の前半戦

私のこれまでの人生を振り返ると、本当によくぞ途中でギブアップしなかったなと自分を褒めたくなります。今の苗字は8つ目、出生時の姓に戻っていますが、母の3回の婚姻と離婚、自身の2回の婚姻と離婚、その間、母の旧姓の時期もあり、最終的には数年前に裁判所に申告をし、承認されてやっとの思いで今の苗字を名乗っています。

実の父が酒乱だったところから波乱は始まります。父からの夜逃げ、その後、母が再婚した養父による4歳から10年間に渡る性的虐待、白いご飯を食べられず幼稚園にも通えない極貧生活、小、中学生時に受けたイジメなどで、一番初めに消えてしまいたいと自死を考えたのが小学1年生でした。親に愛されたという記憶がなく、性的虐待やイジメを受け容れてもらえず、自己肯定感なんてまったく育たないまま大人になっていきました。17歳の時に母が再々婚した養父に、殺されるほどの身体的暴力を受けたことがきっかけで実家を飛び出し、それ以降今日に至るまで、金銭的なことも含めどんなに苦しい時も一度も親を頼ったことがありません。

16歳の時に出逢った7歳年上の男性と22歳で結婚、12年間の婚姻生活の中で4児を儲けました。結婚がいわゆる「逃げ」でしたので、うまくいくはずがなく、金銭的な苦労が絶えず、加えて猛烈な束縛とＤＶ、姑からの抑圧や支配に耐えられなくなり離婚を決意しますが、結果的にこの離婚によって４人の子供たちの親権を夫側に取られてしまいます。

そんな私を支えてくれた13歳年下の男性によって何とか死なずに済みましたが、この時ほど人生に絶望したことは後にも先にもありませんでした。この男性はのちに２人目の夫となりますが、この人と一緒にいる時の私は彼に１２０％依存していましたので、うまくいくはずがありません。結局、ＤＶやら価値観の相違やらが理由で、数年で離婚に至りました。

これまで流産はトータルで20回以上、金銭苦を乗り越えるために風俗の仕事に就いたこともあります。自分も他人も一切信じられず、自分の人生への不信感を拭えませんでした。

不安や心配が一切なく、心の底から幸福感を感じられたのは、母を許すことができ、自己肯定感をここまで上げられたこの5~6年のことです。なぜ、こんなに苦しみながら生き続けなければならないのか、どうして人によって人生にこんなにも差があるのか、そもそもなぜ人は生まれてくるのか、これらのことは虐待やイジメを受け、安心して身を置ける自分の居場所がないと感じながら生きていた10代最初の頃からずっと考えていました。

消えてしまうことも死んでしまうこともできないまま、苦しみばかりを味わう日々。幸せからは縁遠く、友達の家や親を羨ましがるばかりの幼少期。親に褒められた、かばってもらった、味方になってくれた記憶は一切なく、自分は何のために生きていて、誰かに認められているのか、ここに存在していていいのか、そんな葛藤がある中で、人の人生について、命についてなどの探究が16〜17歳辺りから始まったと記憶しています。

医者や看護士になりたいと思っていたので、人の心や身体、意識についての勉強から始まり、宗教からスピリチュアル、量子力学、エネルギーや波動、周波数、死生観などを含めた哲学、地球の存在や宇宙に至るまでの様々なジャンルの学習を続けてきました。

その結果、肉体を持った自分という存在は仮の姿であること、今、日々経験していることも含めて、人生の大まかなストーリーは生まれる前に自分が決めてきていること、そんな中でも、自分の意識によって人生を良くも悪くもできるということ。つまり、私がこんなに苦しんで生きてきた過去もすべて計画通りであり、大半は自分の意識が作っていたということになりますが、こういったことを知れば知るほど、心が少しずつ楽になっていきました。こうして得た知識は、現在の私の仕事にも大いに役立っています。

でも、得た知識を元に行動することで、実際に自分の人生に変化を起こすことは、想像以上に高いハードルでした。地より低い自己肯定感を上げる、これまでの自分自身や人生に対して深い意識のところまでこびりついてしまっている認識を修正する、勝手に作った限界値などを含めたコンフォートゾーンを破るためには、知識を持っているだけではダメなのです。自分自身や人生に変容を起こすためには行動とその継続が必須で、またそれに伴って生じる痛みや苦しみも乗り越えなければならず、これが想像以上に大変な作業となり、自己変容のハードルを上げました。

つい5～6年前までそのトライが実際に続きましたが、やはり大変ではなかったとは言えません。現在の自分と生活は絶対にそれらを変えるという、それはそれは強い思いをベースに、学習と行動の継続、それらによって身についた高い抽象度と俯瞰能力によって手に入りましたが、本当に長い時間が掛かりました。

ですがその結果、これは確かだと言えます。人生は自分次第でいくらでも変えることができるということ。これは間違いなく可能です。現実がどんなに辛辣でも、どんなに絶望状態でも、変えることに対する覚悟と確かな思いがあれば、豊かで幸せな人生は手に入るのです。生まれてくる前に決めてきたストーリーから大きく逸脱することはできないけれど、その計画には実際にかなりのふり幅が存在します。そのふり幅マックスまで振り切ってしまえばいい。この世は人間の意識で出来上がる世界です。すべては自分の意識次第です。人は幸せになるために生まれてきています。どんな人も笑顔とワクワク満載の人生を味わうために生まれて来たのです。私は経験によってその真理を知ることができました。

利他の精神はすべて自分のため

家庭の事情で進学は叶いませんでしたが、どうしても人の役に立つ仕事がしたいと東洋医学の学習を続け、最初に足を踏み入れたのはリラクゼーションの世界でした。

当時はまだ、リラクゼーションや癒しを目的とした施術の存在が広く知られておらず、世間にもお客様やクライアントとの間にも誤解が生じたことは数え切れません。今でこそ確立されたジャンルですが、当時はさまざまな苦労がありました。

そんな状況下でしたが、雇用された先ではいつも新人セラピストに技術を教える業務にいつの間にか就くことになることばかりで、望んでいた訳でもないのに自然に技術指導の経験が増えていきました。ただ、先述したような現場での苦悩と、元々人が抱えている不具合や不調の根本解決の提供を望んでいたことで、リラクゼーションの世界に限界を感じ、それまで大事にしていた利他の精神はそのままに、まったく違った整体の世界にシフトチェンジをしたのが13年前になります。

世の中に存在する人の身体の不具合や、不調の解決が望める施術を調べあげました。その中で「これだ」と感じた技術を提供している治療院を探し、面接を受け、無事合格。その後、数百万円の費用をかけ専門学校に通い、その技術を身に付けました。

この治療院は地元ではとても人気が高く、２台のベッドに私、院長と他１人、合計３人の施術者の規模に対して、１日の総来院数が50人を超えることもしばしば。そこで院長が徒歩圏内に新しい治療院を開院し、私はそこの院長として采配を振るうことになります。

３台のベッドを２人の施術者で回し、私１人で１日に30人近いクライアントの施術をすることも多々ありました。１日の最後の施術が終わると、ベッドに疲労感で倒れ込むように動けなくなってしまったことも数え切れません。雇用主である総院長には常々「身内の死に目には遭えないと思いなさい」と言われていました。言ってもたかだか整体屋さんです。命の最前線にいるドクターなどではなく、私はいち治療家でしかありませんでしたが、それほど来院する方のために常に全力で向かい合っている毎日でした。

２年ほど、ここで院長として働きました。トータル３年ほど遣っていただきましたが、この間本当に鍛えられましたし、かなりの数のクライアントに対峙したお陰で、人間が陥る不調の理由や傾向などのエビデンスを多数得ることができました。これは私が今、人間の達人として仕事ができている大きなベースの一つとなっています。

当時プライベートでは13歳年下の男性と２度目の結婚をしていましたが、この夫の仕事を含めた諸事情で、東京から札幌に移住することになり、それを機にそこで独立開院しよう《》と考えていました。ところが結局、移住してたった2か月で離婚することになり、自宅の一室で治療院を開院するという計画がとん挫。年齢的にもそれまでの数年の仕事の携わり方などもあり、また誰かに雇用され、施術家としての業務に就くことは当時まったく考えられませんでしたので、本格的に本業として開院する方向に自然に向いていきました。

札幌で独立してから今日まで、ありとあらゆる努力をしてきました。独立して間もない頃は周囲に知人も友人もまったくおらず、来院してくれる人が望めるベースは皆無でしたので、まずは人に会うこと。そのためにあらゆるイベント、ランチ会、経営者の会などに出向き、名刺交換をして私という人間を知ってもらうためのフル活動をしました。

そして本当にたくさんの人に助けてもらい、応援していただいて、結果的にこの10年、売り上げが上がらない、その結果、生活に困るなどの経験をしたことがありません。かつての院長時代のクライアントに「先生はあれだけ困った人を助けて来たから、次は先生が人に助けられているんですよ」と言っていただいたことがあります。連日、倒れ込むほどの疲労感を味わったり、大事な人の死に目に遭えない覚悟を持って仕事に臨んできたことが還って来ているのだと感謝の思いでいっぱいになったことをはっきり覚えています。

親切も利他の精神も実は人のためならず、です。「誰かのため」という利他の精神を持っていればいるほど、結果的に自分が豊かになるのです。

自分と人生を変えるためのエッセンスを提供

リラクゼーションと治療家の世界でたくさんのクライアントとの対峙を続け、同時にセラピストの育成に携わってきたなかで、肉体の不調だけでなく、人が心に抱える問題に向き合うことが数え切れないほどありました。

元々知識として、心と身体は密接に繋がっていること、そのどちらかが快調でどちらかが不調ということはあり得ず、両方がバランス良く快調であることが健康の大前提であることは知っていましたが、ネガティブな感情や捉え方、内在している怒りや不安、不信などがここまで肉体に影響を及ぼし、不調を招いているのだと愕然とすることが何度もありました。人の意識が現実を創り出すという摂理に基づけば、この結果は当然だと本人に理解してもらうための工夫が現場においては本当に重要でした。

その頃もずっと続けていた自身の自己変容のための努力と、施術や指導の現場で見えてくる事実や課題などが自然にリンクし、その流れで肉体の不調改善のための施術と本人が無意識レベルで繰り返している思考や捉え方、その繰り返しによって持っている価値観や前提、固定観念を変えるお手伝いが叶うメソッドを作ることになりました。

私自身がここまで変わるために要した時間は30年以上。こんなに時間が掛かってしまったのは、自分一人で頑張ってきたからです。誰にも頼ることなく、己の力だけで乗り越えてきたからに他なりません。人が変わろうとする時にスイッチが必ず入るホメオスタシスという防衛本能に勝ち続けなければ、今の状況を変えることは絶対にできません。そのホメオスタシスを自力だけで乗り越えることは極めて困難であるため、私の場合はこんなに時間を要してしまった訳です。3歩進んで2．5歩下がる、下手をすれば4歩も5歩も下がってしまうことがあるというくらいの進捗、これでは途中で気持ちが折れてしまっても不思議ではありません。

また私は、自身の過去の苦々しい経験から、世の中から虐待やイジメ、不平等、利権や負の連鎖がなくなることを心から願っています。それが実現するためには、自己肯定感が高い人、自分をしっかり愛せる人が増えなければなりません。

しかし、幼少期の育ち、周囲の大人の影響、教育による歪んだ価値観など、繰り返し刷り込まれてしまった不要な情報や知識は、自分の力だけではなかなか捨てられません。確実に時間を要さず変わるためにはメンターのようなサポート役の存在が不可欠なのです。

これらの解決が叶うためのオリジナルメソッド「コウテイ術」を創り上げ、世に打ち出し、治療家の域を一歩超えた世界に踏み出したのは自然な流れでしたが、私が本当にやりたいことはこれだと確信したのはこのメソッドを作ろうと決意した瞬間でした。

長年抱えている、理由や原因が不明の体調不良も、それまでの価値観、思い込み、思考のクセを手離しただけで解決してしまうことは日常的にあります。意識が自分の肉体の不調を招いていることが、実際にはほぼ100％と言っても過言ではありません。

自分自身や人生を変えたいと本気で思いながら、それがなかなか叶わずにいる人は世の中に大勢存在します。そんな人たちの力になるためのメソッドが「コウテイ術」です。

人生の仕組みから肉体と心の関係性、引いては宇宙に関することまでをしっかり学びながら、新しいけれど実は本来の自分に生まれ変わるために寄り添ってお手伝いする仕組みになっています。何より自分には尊い価値、愛される価値があり、幸せで豊かな人生を味わうために生まれて来ていること、他人の目や誰かの評価を意識することなく自分に正直に生き、罪悪感や不安を持つ必要などまったくなく、日々を、瞬間を、ただただ愉しんで謳歌すれば良いのだということ。その権利と可能性を誰もがもれなく持っていて、これまでの経験によって持っている知識と価値観は、手離しても何ら問題ないことなどを、抽象的になり過ぎないように具体的に繰り返し繰り返し、何度も何度も徹底して伝えます。

生まれてこなければ良かった人など皆無です。人一人が持つ価値の正しい認識と、あなたが持つ幸福感だけでたくさんの人を幸せにできる社会貢献が叶うのです。

新しいフェーズでの挑戦

幼少期から目に見えない世界に強い興味がありました。科学では説明がつかない方法であっても、苦しんでいる人を救ったり、長年理由や事情が不明だったことでも解決できる力として憧れがありました。人間や人生の探究を始めた傍ら、そういった力の過去の文献などを調べることも同時に進めていきました。

幼い頃から苦しくて辛くて仕方ない生活を送る中で、何度も考えていた自死や大きな間違いを犯さずに済んでいることに対して、心のどこかでずっと何かの力で守られているという実感を持っていたことは事実でした。そうでなければ私という人間はもうとっくにこの世に存在していないはずだと。そんな背景も手伝って、自然に神社や神様、ご先祖様に対する関心が強くなり、目に見えない世界に対しての見識も増えていきました。

目に見えない世界というと怪しい雰囲気やイメージがありますが、決してそういった不可解なものばかりでなく、量子力学で証明されているような世界や、可視が不可能なだけで実際に存在する波動やエネルギーなど、誤解が生じやすいものを徐々に正しく理解していきました。

そういった関心の中で、私の中に怖れとして未だに位置付いているのが、実は仏の世界です。言葉に表すことが難しいレベルで、仏の世界には畏怖の念を覚えます。これはずっと続いていること、今に始まったことではありません。そんな私が尼僧になった、これは正直自分でも驚きと戸惑いを隠し切れません。

でも不思議なことに、この10年来、2〜3年おきに僧侶になりたいという衝動が起こっておりました。その都度、仏教を通信教育で学習したり、この私が僧侶になれるための方法を模索したり、情報に基づくその可能性の先に出向いたりしました。

想い返してみると、それらの行動は確実に、僧侶になるためのストーリーを確実に踏んできていたのだと思わざるを得ません。お陰様で、と言いますか、その結果、僧侶になりたいと望む人の後押しをします、という現住職との出逢いがありました。正にこれは奇跡である上に、私の人生の計画通りであり、望んでいることをしっかり引き寄せた結果なのでしょう。

じゃあ、尼僧になって実際に何をしたいの?と尋ねられれば、そこには明確な答えがあります。苦しみながら生きている人に、人生や自分の価値を正しく認識し、己を愛し、人生を愉しむための摂理をこれまで以上に伝えたい。児童養護施設で暮らす子供たちに、あなたたちは愛される存在であり、生きているだけで価値があることを伝えたい。刑務所慰問をし、犯罪を繰り返してしまう人の心にある低い自己肯定感や存在価値について、それは正しくないと伝えたい。迷い、苦しみながら生きている人に、人はいつからでも幸せで豊かになれるという真理を知ってもらい、現実を変えるスタートを切るための寄り添いをしたいなど、たくさんの思いと願いがあります。尼僧になることで叶うことが、若い時からずっとずっと思ってきた、願ってきたことに多数あるのです。

経営者として、治療家として、尼僧として、そして心と身体、人間の専門家として、これからもずっとこの思いと在り方は変わらないと思います。

人の力になれば自ずと自分が成功し、幸せになる仕組み、人生は自分の意識でどうにでも変えることができること、そもそも人は幸せになるために生まれて来ていることなどを、今後は尼僧という立場も借りて伝えていく。怖れを感じる世界に携わりながら、自分の人生のアップデートやブラッシュアップも続いていくのでしょう。

豊かさや幸福を感じながら笑顔で過ごせる人が一人でも多く増えるために、過去の経験、習得してきた知識などを総動員していきます。そしてこれからも続くであろう激しいアップダウンが常に伴う自身のクリエイティブな人生も、充分謳歌していこうと思います。

Message

あなたへのメッセージ

一番大事にすべきは自分自身、自分に正直に、
自分にウソをつくことなく生きること。
自分を大事にしながら生きるだけで、
その影響力によって
想像を超えた社会貢献が実現します。
笑顔で愉しく毎日を送るだけで、
徳を積んでいるのです。
経営者として成功したければ、
まずは何より自分を大切にし、整え、
その先に利他の精神を持つこと。
実は自分を大事にする在り方は、
利他の精神の極みであることを知ること。
人生はいつからでも変えることができ、
自分自身を変えることもたった今から可能です。
笑ってポップに愉しみながら人生を謳歌すれば、
成功や順調な経営も手に入るものです。
すべては意識次第です。

翠乃絵里子さんへの
お問合わせはコチラ

Heartbeat株式会社 代表取締役
障がい者支援事業／保護猫活動

山﨑亜紀子

日本初の
障がい者支援と
保護猫活動を
マッチングさせた
福祉事業を実現！
アイデアを形にする
思考法

Profile

北海道札幌市出身。42歳で乳がんになったことをきっかけに、命の尊さ、生きる理由とは何か、を考えるようになる。2013年1月、障がい者就労支援事業の代表取締役に就任。福祉事業経営で培ったノウハウと自身の保護猫活動の経験を活かし、日本初の障がい者支援と保護猫活動をマッチングさせた福祉事業を2店舗展開中。現在、ビーガンカフェ「Sprout」や、一般社団法人ねこの守り人など4社8拠点を経営。

1日の
スケジュール

Morning

03:00 起床・ストレッチ

03:30 自宅猫達の朝ごはんとお世

05:00 保護猫カフェの
猫達のごはんとお世話

07:00 本社&シェルターの
猫達のごはんとお世話

09:30 デスクワーク、打ち合わせ

13:00 各拠点やカフェへ顔出し&猫の病院搬送

15:00 里親面談　デスクワーク

16:00 夕方の猫世話　保護活動

18:30 帰宅&自宅猫の夕世話

21:30 就寝

Night

わたしが起業をする理由

私の頭の中にはいつも、「あ、これできたらすごいかも！」とか「これとあれをつなげたら面白くない？」というアイデアが四六時中あります。

そのアイデアは結構な割合で、自分の身近にある困りごとや問題から派生しています。

動物保護活動と障がい者支援をマッチングさせてビジネス化できたのは、おそらく私が全国で最初ではないでしょうか。これも頭の中の「これとあれをつなげたら面白くない？」というアイデアをリアルにした結果です。

今現在、4つの会社で8拠点のさまざまな事業を運営していますが、それらはすべて1つのアイデアから生まれた事業です。

〝福祉運営保護猫カフェ〟

今、最も自分の中でやりがいと楽しさをかみしめている事業がこれです。

そしてそこからまた派生したのが、ペット火葬車事業やビーガンフード事業です。

いずれも障がい者さんたちと運営しています。

なぜ次々と会社を興すのか。それは、とてもシンプルな理由ですが、人の作ったプログラムの中ではどうしてもはみ出てしまう自分がいるのです。自分の仕事に対する思いが溢れすぎてしまうのです。良くも悪くも真剣に仕事をしていくうちに興味を持ちすぎて、疑問点や改善点を見つけてしまい、結果、それが形として残せないとなると、そこに自分の居場所を留めきれなくなってしまいます。

若いころに職を転々としていたのも、そういうことがあったからかもしれません。だからこそ、自分を貫き通せる起業という方法しか選択の余地はなかったのだと思います。〝0〟からの開拓は、もはや私の得意とするところになってきています。

そしてなにより、猫が大好きです。猫が私の人生の彩色をさらに明るくしてくれているのは間違いありません。猫と暮らす、猫のいる生活、猫と共に生きる。猫のおかげで救われていることはたくさんあります。

寝ても覚めても猫といることが心地よいのです。本音でいうと猫を職場でも可愛がりたかっただけなのかもしれませんが……。

経験と知識と好きがうまくマッチングしたのです。頭の中に浮かんだ面白いことをビジネスと結び付けていく感覚。私は世界一わがままなのだ、だから自分でやるしかないのだと思いこんでいます。

福祉と保護猫との出会い

私は福祉事業運営を通して、就職したい、社会に出たいけれど、障がいがあって困難だという人達とたくさんの時間を共有してきました。

起業の一歩は44歳の時でした。その時務めていた福祉施設の代表が辞任する際に、会社を買い取り、事業継承したのです。当時その会社は、障がい者スタッフさんに外部から受注してきたデータ入力などのアウトソーシングを中心に行ってもらう作業をして運営されていました。開業したばかりの会社だったので資本金300万円分での譲渡となり、本当にラッキーだったと思います。

経営は苦しく、与信のない私は銀行借り入れもできず、資金繰りのため、ファクタリングもマックスの売上分を買取してもらい、ビジネスキャッシングローンもあちこちから借り入れ、職員の給与を支払って、自分の役員報酬をまた会社に貸し付けるといった自転車操業的なことをしていました。

そんな危なっかしい経営を2年ほど続けていましたが、ようやく安定的な収入が確保できるところまで成長しました。

やっと立ち止まり、会社をじっくり見渡せるようになった時、自分の会社の業務に面白さをまったく感じられないことに気づいてしまいました。

就労系の障がい者施設を運営していると、大概は軽作業が生業になってきます。この作業が好きで入社してくれている障がい者スタッフさんたちが多数いるので、方向転換をしたいと思っても、それは無理な話です。最初から自分で立ち上げた会社ではなく、途中から立て直した会社なので自分のやりたいこととはズレがありました。

私はその会社を信頼できる職員に任せ、別会社で福祉施設を設立しました。そして同時に古民家を借りて個人でベジカフェを開業したのです。

それは本当に楽しい毎日でした。ただ当時は、まだベジタリアン料理があまり流通しておらず、ニッチすぎて経営は順調ではありませんでした。それでもさまざまな作家さん、クリエイターの皆様とワークショップ&ランチ会などを行って、何とかカフェを維持していました。もうそれはビジネスではなく趣味の世界です。

そのカフェには福祉施設から障がい者スタッフさんが働きに来てくれていました。接客はもちろん、皿洗い、お掃除、野菜の下処理など、障がい者スタッフさんが行っていました。細かく仕事を分業することで、障がい者さんでもカフェ業務、接客はできる。と、デスクワーク以外のお仕事が提供できると自信が持てました。

時を同じくして、私は自宅で4匹の保護猫を家族として迎え入れていました。最初の会社を起業して3年目、一番長く一緒に暮らした茶トラの猫がエイズを発症して2年頑張りましたが、亡くなってしまいました。

動物管理センターから引き取る際は、一番引取られないのではないかと思う病気の子を引き取っていました。自分が病気をしたこともきっかけだったのだと思います。

病気でも生きることはできる。手を差し伸べれば幸せになれる。差し伸べることができる自分が誇らしく思えました。それは経済的にも、気持ち的にも余裕がないと無理なのはわかっていたからです。

本当に嘘のような話ですが、猫を招き入れてから私の人生は開運されていきました。猫達の愛おしさに毎日癒されていましたが、その反面、毎日、昼に職場から自宅に戻り、さらには夜中に起き、早朝に起き、病気と闘う自宅猫のお世話をしていました。

自分が休まる時間はありませんでしたが、それでも、動物管理センターのホームページの里親募集ページを見ては病気の猫を見つけてしまうと気になって仕方がない。何とかしてあげたいと心から思うようになっていました。

保護猫をなんとか救いたい。障がい者さんの働く場所を作りたい。この二つがシンクロするにはさほど時間はかかりませんでした。

「だったら、自分で作ってしまえばいい。一緒に運営できる場所を作ろう！」

私の自慢できることは有言実行と自己分析ができていることです。今の自分（自己分析）にできること（有言）をやる（実行）。

具体的に何かしているわけではありませんが、思い描けるアイデアは常に自分の身の丈に合ったものばかりです。ですから行動に移すのも早いのです。できない理由を探す必要もありません。

なぜ障がい者支援だったのか、なぜ保護猫だったのか。よく聞かれます。

私の親族に全身麻痺で、歩行さえ困難なのに、社会人をして普通の生活を送れている従兄を普通に見て育っていること、障がいというテーマが割と身近に普通にあったこと。そして自分の身近に保護猫がいたから。そう、本当にどちらも日常だったからです。

生かされているからできること

若いころに面接に行った会社で、あなたは潰しが効くタイプだねと言われたことがありました。当時はそれを誉め言葉には思えなかったのですが、今考えると何でもできるタイプってことだなとはっきりわかります。

現に、私は起業するまで、仕事はなんでも構わなかったし、どんな仕事であっても真剣に取り組むことができました。そこに必ず面白みや興味を持つことができたからです。そして、面倒なことに当時の私は事務員のくせに生意気でした。

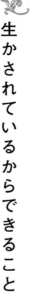

1つ覚えると10まで掘り下げてしまうため、会社のすべてを網羅する気になればできたのです。誰が社長かわからない！と社長に怒られるくらい会社の方向性に口を出してしまうこともしばしばありました。当然、営業の男性からは嫌われていました。

今までの人生で、テレアポ、化粧品販売、保険代理店事務、介護施設事務、タクシー会社事務、ゼネコン事務、中古トラック屋の経理兼WEB制作、パソコンインストラクター物販営業、エアコン取り付け業者の補助作業員、政治家事務所パーティー受付、コンパニオン、ドーナツ屋さんの接客店員、エステシャン、さまざまな業種を経験しましたが、どんな仕事も楽しさや興味を持って真剣にお仕事をさせてもらいました。社員数3名の中小企業から、全国展開している社員数数千人の化粧品会社まで職種、業種、規模など全く気にせず、働くということが好きだったのだと思います。

だからといって、仕事ばかりしているような人間でもありませんでした。義務教育の生徒がなにも疑問をもたず通学して帰宅するように、会社勤めをして、定時帰宅するのが当たり前の日常だったのです。もちろん仕事の後は自分の自由時間でしたし、仕事を自宅に持ち込むようなことはありませんでした。

今も好きなことだけを仕事にしているし、楽しみも見いだせているし、プライベートも充実しています。働くことは日常だと思えば、苦にもならないのです。

ところが、人生はそう良いことばかりではありません。元気いっぱい、病気などもしないタイプの私が、このことを境に生き方の変更を余儀なくされたのです。

「乳がんです。浸潤性乳管癌　ステージⅡ」

42歳で乳がんになり、まったく心の準備もできていないまま説明を受け、なにかを考える間もなく手術で右胸と腕のリンパを一部切除しました。

当時の私は、自分の体のことも、病気のことも無知で何も解っていませんでした。仕事はできてもそれ以外は流されるままに生きて、流されることを選択してきた自分を初めて悟りました。

死にたくないと布団をかぶって本気で泣いた夜もありました。なぜ私だけこんな思いをしなくちゃいけないの。どうして私なの。

落ち込む私の横で、慰めるかのように、猫エイズの茶トラの猫が喉をゴロゴロ鳴らして頭を押し付けてきてくれました。

術後の自宅療養で、痛みに身動きが取れない私の傍らでいつも丸くなって眠ってくれていました。時には寝ている私の胸の上で、失った片方の胸をいたわるようにフミフミして。

そんな可愛らしい仕草で私を癒す、この猫も病気なのだ、私だけじゃない、一緒に頑張ろうね。茶トラの猫の頭をなでながら、その健気さに涙が溢れてとまりませんでした。どれほど、この猫に元気と勇気をもらったか……。

そしてこの猫は私しか頼るものがない。私がいないと、この猫は生きていけない。私もこの猫に癒され、頼っている。お互いに必要としている。

猫を家族同様に大切な存在だと、小さな命の愛おしさを感じました。

病気をした人は性格が変わる、と聞いたことがありませんか。私の周りにも大病をして気質が穏やかになったり、優しくなったりした方は実はいます。

人は何かを失って初めてその大切さに気付くと言われますが、まさにそうです。身体の一部を失うことで、私も死を体験しました。

生きること、生かされることのありがたさ、身体があることの喜びを大袈裟ですが感じました。生きていて、生きられてよかった。と。

術後、死ぬわけにはいかない、死にたくない、もうあんな手術は嫌だ、何かしなくちゃいけない。生きるために、命のために。そう考えていました。

そしてRAWFOODという採食法に出会い、健康的な自分を取り戻し、ビーガンを知り、食と精神の関係性を知り、環境汚染について学び、動物愛護に興味が湧き、弱者を守りたいと思い……。現在に至るのです。

保護猫活動を障がい者スタッフさんの力を借りて運営し、ビーガンカフェから身体に優しい食事を提供できる。生きることの素晴らしさを発信する。命の大切さをお伝えする。

すべては自分の経験からです。辛かったことも、好きだったことも、すべてがぎゅっと集約されたのです。

おかげさまで毎日、とても大変ですが、それ以上に充実しているのです。

自分自身がすべてアイデア

まずはあなた自身が、仕事というカテゴリー自体を好きでいるか?が一番大切だと思います。大なり小なり起業とは、仕事をするということです。そこがスタートラインではないでしょうか。

現場で学べたスキルを、1つでも楽しいとか好きだと思える自分はいますか。人生の楽しみに仕事という項目をどれだけ組み込めるか? です。自分がしたい仕事を自分でプロデュースしたいなら起業するべきです。

人と違う自分、人付き合いが苦手な自分、群れることができない自分、本当はその輪の中にいたい自分、自分を持ちすぎている自分、曲がれない自分、誰にも理解してもらえない自分、夢ばかり見ている自分、こんなことがしたい自分……そんな自分を持っているあなたは起業するべきです。

既成品では窮屈すぎて枠にはまらない、オーダーメイドでぴったりするほうが心地よいはずです。そして、プライドをフル装備するより自虐的な自分でいていいと思います。自虐ネタからコミュニケーションが取れたこともたくさんありました。

会社の代表になり、理解されないのも悪者になるのも大いに認めました。

自虐だらけです。でもそれってそんな自分も好きだから言えるし、自分をしっかり見つめている証拠ですよね。悪いところも分かっていて、好きに変えられる。

自分を好きになれば、そんな私を好きで、ついてきてくれるスタッフ達が集まってきてくれます。お客様も集まってきてくれます。


今、自分の人生、後ろを振り返った時、「あぁ、私の人生、まんざらでもないな。悪くない」って思えるのです。常に、そうでありたいし、そうであってほしいです。

たった一度の人生です。自分に生まれてきたことを素敵だなと、経験してきたすべての物を受け入れて、嫌なことにも意味があったと思ってほしいのです。


できないところは進んで、専門的な人や会社に頼むべきなのかもしれません。自分にできることは手を抜かず、丁寧に、丁寧にやり抜くことです。

そして、壮大な夢を描き、実現することはとても素晴らしいことですが、大抵の人はできない理由を探しては夢をあきらめてしまいがちです。まずは自分のできるスキル、好きなことなどを整理して、今の自分がそれをできるか、自己分析をしてみてはどうでしょう。

できないのであれば、どうすればできるようになるか、あきらめるのではなく現実的な手法を考えていく。着実に夢に進むことをやってみてください。

やってみたらどんどん探求したくなる。ハマった！　そんな感覚が起きればそれはもうやる価値があるのです。

あなたのブランド、あなたのアイデアは、あなたのすぐそばにあるはずです。

背伸びをしたり、他人の指示に従いすぎたりしてしまうと、自分を見失ってしまいます。

あなたのやりたいことは、あなたしか形にできないのです。

時には立ち止まって、ゆっくりと深呼吸して、これは自分のやりたかった形なのか、を確認してください。失敗しても形にできたことを喜んでほしいです。自分自身をほめてあげてほしいのです。

好きなことを仕事にできる人は、本当に一握りかもしれません。でも誰にでもチャンスの女神は微笑んでいます。成功のカギは、「できない理由を探さない、できる自分を見つけてあげること」です。あなたもそのカギで、成功の扉をぜひ開けてください。

あなたの成功を心から応援しています。

Message

あなたへのメッセージ

成功のカギは
「できない理由を探さない、
できる自分を見つけてあげること」
です！

山﨑亜紀子さんへの
お問合わせはコチラ

合同会社縁家 代表社員
障がい者福祉事業

吉田絢子

興味なく始めた
高齢者福祉が天職に！
いくつもの壁を
乗り換え、
障がい者福祉事業を
立ち上げた人生の旅路

Profile

1980年、兵庫県宝塚市で生まれ育つ。大学中退後、高齢者福祉の仕事に14年従事。介護福祉士・ケアマネージャーの経験を経て、障がい者福祉の世界へ。2015年合同会社縁家を設立。グループホーム快宅（かいたく）を2017年1月に立ち上げ、同年12月にグループホーム縁宅（えんたく）をスタート。2020年8月に就労継続支援Ｂ型事業所 pu-a-pu をオープン。新規立ち上げの相談や資料作成の支援も行っている。

1日の
スケジュール

Morning

7:00	起床・ストレッチ
8:00	メール・予定チェック
9:00	就労B型事業所へ出社
18:00	グループホーム利用者の様子確認
19:30	会食
0:00	帰宅
1:00	就寝

Night

運命の出会い

「早く結婚して自分の家庭を持ちたい！」と中学生の頃から思い続けていました。

何事も計画的に動きたい私は、中学生の頃から指定校推薦を狙っており、高校3年生で予定通り推薦枠を確保。結婚が目的だったので【家から近くて、将来有望で、男性の多い学部】というだけで近くの大学の法学部に入学しました。

大学3回生の時、一人の男性と出会います。25歳という年齢は20歳の学生からするととても大人で、付き合ってすぐに求婚しました。結婚相手を探しに行った目標は達成です。大学に興味がなくなり、すぐに退学届けを出しました。

母親には事後報告だったため、烈火のごとく怒られたのも鮮明な記憶です。結婚式の花束贈呈の時には、怒り絶頂の母親が逃げ出し、弟に贈呈したほどでした。

結婚後、母親の勧めで社会福祉協議会に面接に行きました。怒らせてしまったせめてもの罪滅ぼしでした。その頃はまったく福祉に興味がない上に資格も何もなく、ただニコニコしているだけでしたが面接に通り、福祉人としての一歩を踏み出すことになるのです。

小学生の頃つらい経験をした私は人間不信になっており、外面でしか生きられない人間になっていました。そんなぽっかり空いた心を埋めてくれたのは、ずっと応援し続けてくれた旦那さんと、純粋に「ありがとう」を言ってくださる利用者さん達でした。まったく興味もなく始めた高齢者福祉との出会いがターニングポイントとなり、天職となっていきました。

あちこちの施設を渡り歩きながら、自分がどんな支援がしたいのか悩み続けた20代。

そんな中、一人の先輩との出会いにより、高齢者福祉がただの【仕事】ではなく、利用者さんにとっては【日常の一部である】という感覚を学ばせてもらいます。

それからはサービスありきではなく、オーダーメイドの支援を意識するようになり、ケアマネージャーに従事している期間は特に孫のように皆さんに可愛がっていただきました。

会社からは、やり過ぎて怒られることも多々ありましたが、それも今では良い思い出です。

32歳になった頃、55年会という異業種交流会に参加しました。そこは同い年という括りがあるだけで、社長・社員・フリーと業種も立場もバラバラの集まりです。ずっと同じ場所にいた私からすれば「みんなすごい！」と尊敬の念しかありません。会を重ねるうちに運営側となっていき、少しずつ自信をつけていきました。

そして、この出会いが人生を大きく動かしていくことになるのです。

34歳の時に、ある障がい者福祉の会社が社長の後継ぎを探しているのでやってみないか？　と友人からお誘いを受けます。認知症の専門家を目指していたので一旦お断り。何より社長なんてできるわけがないと思っていました。しかし、その友人に強く押され、不安もありましたが、そこまで必要とされることに喜びもあり、転職を決めたのでした。

初めての障がい者福祉は、想像していた世界とはまったく違いました。経営陣は福祉人ではなく他業種からの転職組だったため、今まで培ってきた福祉の理念は通じません。そのかわり、人として関わる姿は大きな学びとなりました。社長候補だったため、経理や申請、グループホームの運営、日中活動の支援など一気にすべてを経験できたことは大きな財産です。ただ、ずっと漠然とした違和感があり、結局半年で退職することとなりました。

退職後、「やっぱり自分の思う福祉がしたい！」との気持ちが強くなります。そんな時、55年会の友人達が背中を押してくれました。「お前ならできる」と応援してくれる友人。自分の仕事を活かして手伝ってくれる友人。そんな人達に囲まれ、ついに独立する決意をしたのは35歳の時でした。決意をしたものの、いざ準備を始めると誰かを雇ったり、借金をするほどの勇気は持てず、ケアマネージャーを自宅で一人でやれば充分だと自分を納得させていたように思います。甘えていたのかもしれません。

開業準備をしている間に、大阪の障がい者福祉の会社から3か月限定でヘルプを頼まれます。そこで出会った社長と気が合い、会社は一旦休眠し社長を支えることに。新規事業の立ち上げや運営中の事業の黒字化、経理、申請と半年学んだ知識を駆使して走り続けました。運営する楽しみを実感した私は仕事にのめりこみ、距離を理由に年に数回しか自宅に帰らなくなっていたのです。あんなに応援してくれていた旦那さんもほったらかしで、仕事に全力投球していた最中、社長から「お前とおったら俺が委縮する」と衝撃の一言を告げられます。ほとんどの仕事をこなし決定権を持っていたため、知らぬ間に職域を超えていたのかもしれません。ただ社長の為と思ってやっていたことが伝わらなかった悔しさで、ショックよりも怒りのほうが大きく、すぐに退職を決意しました。

辞めるという話は一気に周囲の事業所に回り、数社からリクエストを受けました。もちろんリクエストいただいた会社の中から決めるつもりでしたが、一緒に働いていた方から「行動力もあって、知識も想いもあるのに、何で自分でやるっていう選択肢はないの?」と投げかけられます。初めて本当の意味で【自分でやる】という意識を持った瞬間でした。

いろんな方に支えられ、応援してもらったおかげで今があります。いつも誰かに背中を押してもらってきました。そんな仲間がいることが私の大きな財産でもあります。

起爆剤は怒り

自分でやろうと覚悟した瞬間から、動き出しました。

会社を辞めると決めて数日なので怒りはまだ継続中です。

しかし、その怒りが大きなパワーとなりました。「絶対やる！」「絶対成功する！」という強い覚悟と背中合わせの状態でした。今思えば、その怒りこそが私を動かし、振り向かない強さを与えてくれたのです。

障がい者福祉の基盤はすっかり大阪でできてしまっていたため、宝塚で起業するという選択はありませんでした。通うのか、通えるのか……と葛藤する毎日。報酬単価や初期投資、利用者集めのリスクを考えると、共同生活援助と言われるグループホームが最適だと決めていたため、24時間体制で動かないといけない状況。仕事を優先することは目に見えています。当時の私には奥さんと社長の両方を器用にこなす自信がありませんでした。

ずっと応援してくれた旦那さんに【離婚】を提案します。何度も話し合い、結局私の気持ちを優先してくださり離婚成立。

もう後には引けない状況に、自分をどんどん追い込んでいきました。

そんなプライベートと同時進行ですぐにできることから動き始めます。何かしないと不安でつぶれてしまいそうなので、考える時間を与えないように物件探しや金融公庫への相談方法など、時間を選ばない作業からスタート。最初の壁は金融公庫への事業計画でした。ずっと福祉しかやってこなかった私には、事業計画を立てた経験がありません。びっくりするほどあやふやな書類を作成し、あとは直談判。担当の方に面談の席で補足というには余りある説明をしました。書き方を教えてもらいながら熱意だけで押し切り、希望額のほぼ満額を融資してもらえた時は安堵しかありませんでした。

2つ目の壁は物件。ネットで目星をつけて不動産屋さんに相談へ行き、事情を話します。が、オーナーさんに問い合わせをしてもらうとほぼNG。初めて障がい者が地域で暮らすということがこんなに大変なのだと実感します。しかし、諦めるわけにはいきません。まずは不動産屋の担当の方に私のこともしっかり知ってもらってファンになってもらいました。ファンは裏切りませんから。時間をかけて説明することで担当さんは理解を示し、自分のことのように動いてくださり、ついに話を聞いてもいいというオーナーさんを見つけてきてくださります。

オーナーさんにご理解いただけるよう障がい者の特性や生活がイメージしやすいようにお手紙を書きました。物件が決まったのは辞める宣言をしてから1か月後のことでした。

物件も融資も確定した後は、国の事業なので大量の書類を作成しなければなりません。毎日書類と格闘し、消防の点検や物件の整備も同時進行で行います。お金をかけることに対し不安があったため、すべて自分で行いました。ネットで調べ、何度も消防署や行政に通い、すっかり顔見知りになった頃、認可が下ります。退職後2か月で立ち上がりました。「あんなパワーもうない」と自分でも思うほど集中し、走り回った2か月間でしたが、立ち上がったもののそれで終了ではなく、そこからようやく事業がスタートします。

利用者さん獲得のため営業に回りますが、私のことを知っている人ばかりではなく、まったく興味を持っていただけないことも多々ありました。福祉の世界は他者の人生を背負う場面も多く、信頼関係がなければなかなか紹介していただけないことがあります。話を聞いてもらえれば伝えられるのに！と悔しい思いをしたことも数え切れずありました。

それでも、利用者さん達にはそんな事情は関係なく、どんどん預金が減っていく恐怖と闘いながら半年かけて満床にしました。同じ空間で暮らすことになり、簡単にホームを替わることもできないみんな。せめて同世代で話が合う、性格が合うメンバーを集めようとしたため、金銭的にも精神的にもとても不安な半年でした。

自分のポリシーを貫くとしんどいことも多々あります。ですが、ポリシーがあるからこそ芯があり、自信を持ったサービスが提供できると今でも考えています。

福祉は人

グループホームを立ち上げて3年が経った頃、【私】と働きたいと言ってくれる2人に出会います。当時の仕事は夜勤専門だったため、お子さんがいる2人にお仕事をお願いすることは難しい。でも、この2人と働きたい。悩む間もなく「日勤の仕事を作るしかない！」と思い立ちました。無いから諦めることをしたくなかったのは、【福祉は人だ】という自分の理念があったからでした。

グループホームで食事を提供する際、いろんな野菜を提供しても全部「葉っぱ」「キャベツ」の一言で終わることが当初からありました。みんな食への興味も薄く、知識の広がりに限界を感じていたため、迷わず飲食店の就労継続支援施設を運営することに決めました。

ちょうどコロナが流行しだした2020年3月。まだ空き物件も少なく、物件探しに難航します。就労継続支援施設は、利用者の人数によって必要な平米数が変わります。20人定員にすると、約70㎡は最低必要。そのうえ消防法の兼ね合いで2階以上だと設置基準も複雑に。飲食店を営業するからにはお客様が来やすい場所がいい。条件はどんどん厳しくなり、決定するまでに時間を要しました。

5月、ようやく物件が確定します。スケルトンの状態からみんなで壁紙を選んだり、家具を見に行ったりしたことは自分達で作り上げていく実感があり、とてもワクワクしましたが、どんどん減っていく残高にヒヤヒヤしたのも事実です。グループホームの時と同じように同時進行で書類作成をし、なんとか8月にオープンすることができました。

こだわったのは、「障がい者施設だから」という理由で来店してほしくないということ。みんなが当たり前に働いて提供するご飯を「おいしい」と思って来店してほしい。そんな思いを込めて、あえて障がい者施設ということは表立って表記していません。「障害があるから作業所じゃなくてはならない」ではなく、「障害があってもオシャレなカフェで働きたい」を実現したいと思い、内装やメニューをデザインしましたが、そこにも実は福祉の要素が満載です。

1汁8菜プレートにしたのは、手順が増えることでみんなのできることが増えるから。一人で完成できなくても分業することで作業が増え、やりがいや役割につながります。食器もあえてバラバラにし、具体的に食器の指示が出しやすいように工夫しました。

店舗内も空間が広く、当初から幸いにもディスタンスが取れていましたが、それもみんなが提供する時に移動がしやすいように。すべてはお客様の為でもあり、利用者さんの為でもあるのです。

すべてをツールに、みんなのお仕事を生み出すことが就労支援の業務内容になります。メニューを考える、作業を振り分ける、買い出しに行く、レシピをPCに入力してもらう。テイクアウト容器の作成や調理の過程など様々な部分に配慮や段取りが必要であり、それを提案していくことが支援内容です。時にはお客様の表情や立場になってSSTという研修を行うことも。仕事内容は「これ」といったことが決まっておらず、観察と提案がベースとなって毎日アプローチしていくため、苦労することもたくさんあります。

同時にお客様には迷惑はかけられず、ピークタイムには福祉職ではなく飲食店で働いているのかと錯覚することも。ただ、目に見えて「おいしかった」と評価いただけることは、利用者のみんなにとってもわかりやすく、モチベーションの上がる瞬間でもあるのです。同じ空間で仕事をする楽しさ、他者の支援の仕方を観察できる学びは、グループホームでは感じづらい日中活動ならではの環境で、私の大好きな時間です。

福祉と飲食という両側面をもつカフェをスタートしたことは、仕事量も増え、私自身の時間もすり減らす結果となりました。でも、後悔は一切なく、日々充実しています。

それはきっと大好きなスタッフと働けることや、飲食店を通じて利用者さんの成長が見えるから。やりたいことをやっている時はきっとワクワクで乗り切れちゃうのです。

継続はわくわく

起業してから6年が経ちました。たくさんのスタッフが入退職を繰り返してきました。事業内容的に気持ちがしんどくなり、辞めていくスタッフもいました。その度に自分の求心力のなさや、フォローしきれなかった後悔が襲いかかってきます。【去る者追わず、来るもの拒まず】と自分の感情に蓋をすることにもすっかり慣れてしまいましたが、それでもつらい時はやはりあります。

そんな時、私は動くようにしています。運動という意味ではなく、物理的に動く。未知の体験は恐怖につながり、想像で不安は増大します。だから動く。何もやっていないから不安なのです。やるべきことを書きだすことでもいい。本を読んでもいい。誰かに話を聞いてもらってもいい。何かしら一歩行動することで想像の不安がリアルへと変化します。そしてリアルが見えてくると自然と冷静になれるのです。

不安は予測できないからこそ大きくなります。だから、私はいろんなことを知りたい。そんな思いから、他者からのお誘いは極力断らないようにしています。

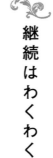

連日の会食に疲れ果ててしまうこともありますが、時間の調整をしながら、せっかく私と会いたいと思ってくださる出会いを逃さないようにしたいのです。

本を読む、誰かと話をする、相談に乗ることなどは自分の考えを言語化できる大きなチャンスです。そうやってたくさんの考え方を身につけることによって経験値がアップすると思い走り続けています。

相手の真意を掴む方法として、一つの事柄について3回質問を繰り返すようスタッフにも度々伝えています。ざっくりした答えの中にも必ず真意があるのですが、うまく言葉にできない利用者のみんな。もちろん私たちの日常でも多々ある光景です。

簡単な例題であれば「今日何食べたい？」「なんでもいい」「魚？肉？」「肉」「和食？洋食？　中華？」と少しずつ掘り下げることで、なんでもよくないことがわかります。

真意を掴むには相手の話を聞くこと。相手に興味を持つこと。これが一番大切だし、そんな関係を作れた時に初めて信用が生まれると思います。

経営者は孤独だとよく言われますが、本当にそう。実際は相談相手がたくさんいたとしても、決定は自分でしないといけないというプレッシャーは常に付きまといます。

そんな時に心強いのがファン。自分自身を何があっても信用し、応援してくれるファンを作ることは重要です。ファンがいてくれるから頑張れるといっても過言ではありません。

そして2番手という応援団長を作ること。

ヒアリングでもよく使う「それで自分はどうしたいん？」というセリフがあります。やらない理由やできない理由を挙げがちですが、そんな時は自分自身にも同様に問いかけます。ワクワクするのかしないのか、自分の心と向き合う時間はとても重要です。ワクワクしているときが一番動けるとき。一番発想が生まれるとき。その良い勢いを具現化してくれる2番手がいてくれるのといないのでは大違いです。

今の私には右腕・左腕として信頼できる応援団長と、いつでも私の話を聞いてアドバイスや苦言を呈してくれるファンがいます。つらい時ほどこのメンバーに救われることを実感します。ぜひ本物の仲間を作ってください。

コロナの影響もあり、近年いろんな業種の方が福祉の世界に新規参入しておられます。なかには利用者＝お金としか見ていない事業者も残念ながらあります。福祉職の地位を上げるためにも、私は諦めたくない。大家族のオカンであり続けるために、もっと自分の世界を広げながら、みんなの選択肢も増やしていってあげたいと思います。

選択肢が増えるということは自由が増えるということ。

これからもたくさんの出会いと刺激を求めて、旅を続けていきたいと思います。

Message

あなたへのメッセージ

食べる物で身体は造られる。
出会う人で人生は造られる。
ワクワクする瞬間こそが
一番行動するタイミング。

吉田絢子さんへの
お問合わせはコチラ

株式会社Dreamaway 代表取締役
イベント企画事業／行政指定管理施設の運営

吉田真知子

ピアノ講師としての
独立から
イベント企画・
行政指定管理施設の
運営まで
広がったチャンスを
掴む秘訣

Profile

1973年、兵庫県出身。短大卒業後、私立幼稚園にて幼稚園教諭として3年間勤務。退職後、ピアノ講師として独立し、「まちこピアノ教室」を開講。同時に、音楽事務所所属時にパートナーだったフルート、マリンバ、ボーカリストとともにクラシックアンサンブルグループ「Dreamaway」を結成。のちに、株式会社 Dreamaway の名でイベント企画運営会社を設立。各行政指定管理施設を預かり、現在は神河町グリーンエコー笠形を運営する。

1日の
スケジュール

Morning

7:30 起床　朝食

8:30 グリーンエコー笠形へ出勤
打ち合わせだの
パソコン作業だの
経理作業だの

21:30 帰宅　夕食

22:30 お風呂（ひたすらゲームをする）

23:30 自分の時間　テレビを見る

0:30 就寝

Night

病が教えてくれた『後悔したくない』気持ち

私は子どもが苦手です。中学生以上でないと、なかなか話が難しいので、いつも避けて通ります。しかしながら、今、私がやっている仕事は、子どものためのイベント、子どもを含んだファミリーのためのキャンプ場の運営です。気が付けば「子ども」がテーマのことに特化しています。

小学生のころから、ピアノ演奏に秀でており、小学校の音楽会はピアノ伴奏ばかりしていました。ピアノが苦手な担任のクラスになった時には、代わりに音楽の授業をやっていたほどでした。朝起きてピアノを弾いてから学校に行き、夕方学校から帰るとまたピアノを弾く。それが楽しくて仕方ない小学生時代でした。

ピアノの世界でやっていくつもりで、私立の中高一貫校を受験。ところが失敗して、そこからは諦めたかのように、公立高校ではピアノを続けながらも遊び倒していました。

ピアノ推薦で楽に入れる短大に入り、挨拶だけで入れた幼稚園に就職。園長先生に3年で辞めるといった宣言どおりに幼稚園教諭を辞めて、ピアノ講師になりました。

年中組40名の子どもを一人担任でこなしていたこともあり、子どもは苦手でしたが、子どもの扱いは得意でした。だからこそ、ピアノ講師に転向したのですが、やはり自分が演奏するほうが楽しいということに気づいてしまったのです。「モノを教えるのには向いていない」ということがわかり、自分で演奏するグループを立ち上げて活動を始めました。

とにかく人前で演奏するのが楽しくて仕方がなかったので、いろんな場所で演奏してきました。一番大変だったのは、小さなフェリーの中での演奏です。アップライトピアノが設置してあったのですが、荒波にもまれる船とともに揺れるので、船酔いしながらの演奏でした。いろんな現場の演奏の仕事があってこそ、今はさまざまな場面にも臨機応変に対応した演奏ができるようになっている、そんな良い経験になっています。

いよいよ伴奏ピアニストとして、これからという時に妊娠が発覚。音楽活動を断念して専業主婦になりました。

子どもの世話をしながらも、細々とピアノ講師を続けていたある日。年に一度しか出会わないピアノ調律師が私の首をみて、「その首の膨らみは去年よりも大きくなっているから、少しおかしいよ」と。「いやいや、産後太りが首まで達して脂肪の塊ができてるんやわ」と思いつつも、ネットで調べまくりました。不審に思って病院へ検査にいくと、すぐに細胞検査。検査結果に1週間かかるとのことで、不安な気持ちで待ち続け、やっとその日がきて診察室へ入ると、先生から「これは……ちょっと。こちらでは対応しきれないので、申し訳ありませんが、病院を紹介するので転院してもらえますか？」と言い渡されました。結局のところ結果は教えてもらえず、転院の紹介状をいただいて帰りました。

転院先は「甲状腺治療専門病院」。驚くほど多くの患者さんが並ぶそこで、一番に診察室に入って担当医に最初に言われたことが「ああ、甲状腺乳頭ガンで来られた方ですね」。「は⁉　私、ガンなんですか？」「え？　ご存じなかったんですか？」

こういう告知のされ方をすると、その場では焦りも出ず。時間が経てば、ジワジワと不安がよぎってくるものです。この告知の仕方はないやろう……と、最初に行った病院の先生を微かに恨みつつ、詳細に検査をやり直しました。

検査結果は即日発表。悪性腫瘍とのことで、手術日を決められました。すぐにどうこうなるものではないからと、そこから2か月先の予約をして、全摘出手術を受けることになりました。担当医から「ないとは思いますが、念のため」と説明された項目に、開いてみた状況次第ではそのまま亡くなる可能性と、声が出なくなる可能性がありますと言われ、そこまで危機感を持っていなかったけれど、当時3歳になる娘に宛てて遺書を書きました。

入院する際に、電子ピアノを病室に持ち込んで、その後に控えた演奏の仕事のための練習をひたすら行いました。手術は意外と時間がかかったようで、手術室に入って麻酔が効いてから次に目覚めた時に見えたのは、心配そうに覗きこむ家族の顔でした。その時、声を発してみて発声できることを確認し、ひと安心しました。

そうして私が瞬時に考えたのが「やっぱり私にはこれしかない！　好きなことをやらないと絶対に後悔する！」ということでした。術後2日目からピアノの練習を開始し、5日目にはメンバーを呼んで病室で音合わせをしました（1回怒られたけど）。

10日ほどで退院したあと、すぐに演奏の仕事に出かけていき、私はピアノ演奏をする自分と子育てする自分、この両方を守るために一生懸命動きました。そのおかげで出演先も多くなり、公共施設での特別演奏などを引き受けるようにもなっていきました。

主婦と母とでいろいろと考えすぎて、どっちつかずになることが多かったですが、やっぱり自分がやりたいことを貫き通すのが一番。自分が幸せじゃないと家族も幸せにすることができない、そう考えるようになりました。

頼まれごとは試されごと、チャンスを掴む

自己表現であるピアノ奏楽の仕事をこなしていき、ピアノ講師は細く続けながら、演奏の仕事となれば、娘を母に預けて夜中までバンド演奏のサポートをしにいったり、ＣＤの発売やサインの練習など、多くの仕事をこなしていきました。

そうしていくと、だんだんと夫との距離ができてしまい、家に大人しくいることができない夫も腹を立て、思いっきりすれ違った時、離婚を決意しました。

当時の娘の幼稚園のママ友に「離婚したいんやけど、仕事をどうしていくべきか。音楽の仕事はやめたくない」と相談をしていた時に、姫路城での夜桜コンサートの出演ステージにご主人を連れてきてくれました。イオンショッピングセンター専門店会委員長であった友人のご主人は、私のグループをすぐに紹介してくれ、ショッピングセンターでの演奏の機会を与えてくださいました。最初は本当に少ないギャラでしたが、それでも出られるだけで幸せだったので、ドンドンとステージをこなしていき、２か月に一度は必ず出演するようになりました。

ショッピングセンターの合同イベントで、幼稚園の子ども達と一緒に出演することにな

り、昔取った杵柄（きねづか）、幼稚園の子どもたちの出演のお手伝いをしていました。

その様子を見ていた担当者が「元々、幼稚園の先生をしていたなら、それなりの繋がりがあるだろう?」と、ショッピングセンターに園まるごとを出演させて発表会を行うというイベントを企画してみないかと声をかけてくれました。

手術後の私は「頼まれごとは試されごと」と思い、どんな仕事も断らず対応してきましたので、「やってみます!」と手を挙げました。請求書や見積書など見たこともない私に、あらゆることを学ばせてくれて、「1日イベントを打てば、30万円入ってくる。これで平日は子どものことで時間を作れるし、自由に動けるから」とアドバイスをしてくれました。

それから半年後、夫と離婚。賃貸一戸建てに引っ越しをして、イベント企画運営にいそしみながらも、演奏活動を精力的に行い、まずは個人事業として事業登録を行いました。

それから1年もしないうちに「個人に振り込める金額の限界がやってきたので、法人登録をしてほしい」と依頼があり、ついに株式会社Dreamaway（ドリームアウェイ）として、音楽活動のグループ名をそのまま会社名にして活動を始めました。

自分がやりたいことや夢を、口にしてワーワー言い続け、目の前にきたチャンスを臆することなく手にしたことで、私の人生の方向性をぐいっと変えることができたのだと思っています。

夢中で走り続け、見えてきた自分の役割

法人登録は平成22年9月17日。別になんてことない、たまたま段取りしていたらその日ってだけの法人登録日。いわゆる会社のお誕生日だったので、そこはもうちょっとこだわったらよかったかなと今更ながらに思います。

株式会社という看板を付けたおかげで、それまでは1店舗のみだったショッピングセンターのイベントも、一番多いときで6店舗まで取引が増え、1日に何箇所ものショッピングセンターのイベントを同時に行う日も増えてきて、少しずつ仲間も増えてきました。

イベント業というのは、なんでもやります！というよりは「この方向性」という形を保ったまま、その範囲内のイベントを提案します。私は最初のとっかかりがそれだったせいもあり、「子ども達のための」という方向性になり、子ども達のためのイベントをドンドンと提案するイベント業者として走り出しました。

絵本の読み聞かせ、お歌の発表会、小学生のファッションショー、さまざまなイベントを繰り出すなか、大きな出会いがあったのが人形劇団のイベントでした。大阪にある人形劇団「クラルテ」の団員さんのなかに、篠山市（現・丹波篠山市）に縁のある方があり、

そこの廃校跡地利用として開館していた博物館に一緒に手を挙げないか?と声をかけていただいたのです。法人設立2年目にして、篠山市の指定管理施設の公募に手をあげることになりました。

当時11社の応募があり、私は、人形劇団(大阪)と私(姫路)では、篠山市の内情がわからないことがネックになると思いました。自分で調べるよりも、そこにいる人に手伝ってもらおう!ということになり、廃校跡地を守ってこられていたボランティアのチームに声をかけて、一緒に手を挙げることになりました。もちろん選定され、その廃校跡地は8年間の期間満了まで地域貢献に尽力させていただきました。

とにかく「できない」というのが嫌いで、頼まれたことは試されていると思って、「こんなことできる?」と言われたことは、全部「やれないかも」ではなく、「やれる方法」を考えてやってきました。幼・保育園の発表会のみならず、小学校から大学まで発表会イベントを行い、人形劇・ファッションショー・サンバカーニバルとなんでもやってきました。子どもが苦手、と言いつつも、気が付けば、子どものための事しか取り組んでない自分を見て、「これが私の役割なのかな」と思うようになりました。それでも、今でも子どもは苦手なので、できるだけスタッフに携わってもらえるようにしています。

私の中に出てくるアイデアは、イベント業を叩かれながら覚えた経験よりも、子ども達に関わりながら過ごした幼稚園教諭時代の影響が大きかったように思います。

自分の人生において、必要なことしか起きない。そして乗り越えられることしか起きないということを本当に実体験していました。


いろんな仲間との出会いと別れが繰り返され、音楽活動も止まることなく走り続けていきました。そして、行きついた先の現在、兵庫県の真ん中にある神河町という行政のもと、グリーンエコー笠形という施設を運営しています。

神河町は、私のルーツには何もなく、ウグイス嬢として選挙カーに乗っていた時にまわっていたその地域がとても魅力的で、なんにもないところがいいなと思って、2軒目のセカンドハウスを買いました。そこで相も変わらず、子どもたちに多くの体験と学びの場を持ってほしいと「碧河舎（あいこうしゃ）」を設立。これは神河町の廃校跡地活用ということで現在も運営しています。

元々、グリーンエコー笠形は2022年4月から指定管理者として運営を始めたところで、団体が遊びに来るというイメージがしっかりとついていた施設でした。しかし、新型コロナウイルスの関係で団体客から軒並みキャンセルが続き、前運営者が撤退したところに私が入れ替わりで入ったわけです。

この施設は、キャンプ場、コテージ、レストラン、はたまた温泉、体育館、野球場とどんだけ広いねん！というほどの広大な土地の管理を請け負うことになり、社員スタッフもこれまで14、５人だったのが、一気に35人になって、誰が誰やらわからなくなるスタートを切りました。団体客が見込めないということもあるので、個人のファミリー層をターゲットに、体験ワークショップを取り入れた形で運営をしています。

碧河舎での体験ワークショップに来られる方は、本当に一生懸命な方が多く、「子どもに何か一つでも得意なことを見つけてあげたい」という思いの方ばかり。お越しになられる家族の方は、お弁当をもって一日ゆっくりされる方がほとんどです。

何気ない会話から相談を受けることもあり、その内容のほとんどが「うちの子、不登校なんです。なので、この子に何か得意なことを見つけてやりたくて連れてきました」というもの。私の信念として（あくまでも個人的です）、学校は行ったほうがいい！と思っており、そこでしか学べないことが本当にたくさんあると思っています。不登校です……と悩まれる親御さんは、「学校に行ってほしい。でもなんて言えばいいのか、わからない」そんな方が多いので、そういった方々のために、体験施設である碧河舎を平日フリースクールとして開校することになりました。

碧河舎へ相談に来られたり、通っているご家族様からは、こんな自然あふれるところで、ゆっくりと時間を過ごせて、子どもの可能性を引っ張ってもらえてうれしいとのお声もいただいており、当然、儲かる仕事ではないのですが、ひとりでも多くの子どもたちの「自分探し」を手伝ってあげたいと思います。

これだけ仕事をしていると、本当に自分の子どものことは、実家に預けることが多く、夏休みなど一度も一緒に過ごしたことがありません。高校3年生の時には受験生だからという娘の願いを聞き入れ、その時に初めて一緒に過ごしたぐらいです。

母親として、本当に何もしてあげられなかったのに、娘は本当に素直にまじめに育ってくれて、神様は素晴らしい子を与えてくれたと感謝しています。その娘にはせめて、いつも戦う一生懸命な姿をみせて、また離婚したからといって父親の悪口はほとんど言わず、一緒にいるときは仲良く過ごして娘にはできる限りのことはしてきたつもりです。

いつも私を支えてくれる素晴らしい娘には本当に感謝です。頑張り屋さんのいい子に育ってくれました。いや、みんなに育てていただきました。

わたしの生き方が誰かの役に立てるなら

ピアノをずっと一人で弾いてきたせいもあるのか、誰かと何かを成し遂げるということに違和感を覚えていて、加えて誰かに甘えるとか、相談するとかもほぼしてこなかったのが私の特徴でした。それでなんとかなってきたのですが、ドンドンと仕事が増えるにあたり、一人では何もできない、人に任せないとできないこともあるということを、無理やりに覚えさせられてきたように思います。

いつも、「あなたはどこへ向かっているの?」といろんな人に言われることも多く、それに答えることもできず、迷いながらずっと走ってきました。その時に、「何がしたいか」「どこへ向かっているか」なんて考えてなくてもいい。とにかく若いうちは（若いって何才だろうと思うこともありますが笑）ドンドン走り続ければいい。そして、そうしていくうちに、自分の役割、方向性に気づき、自分が何をしたいか、何をするべきなのかは、ふとした拍子に腑に落ちていきます。

だから、「いま自分がどこへ向かっているのか」なんて悩んでいるそこのあなた！　気にしなくて大丈夫です。ただがむしゃらに、ただひたむきに、自分に与えられた使命をこなしていけば、自然と自分の目指すべきものが見えてくると思います。

そして、主婦だから、母だからと諦めることなく、自分の夢は自分一人で抱えて持っていても仕方がない。ちゃんと周りに話をして「語りつくす」ことを忘れないでください。

私もなぜかここにきて、パイプオルガンという楽器と出会い、46歳から大学教授のもとパイプオルガンの練習にいそしんでいます。

あきらめない、なんとかなる、やればできる！　この三拍子を日頃から思い、実践していれば必ず道は開けてきます。そして、もっともこの破天荒な半生の中で私が一番大事にしていることは「人をゆるす」ことです。そりゃあ怒るし、腹も立てることもある。でも、その人がなぜそうなったのか、なぜこんなことが起こったのか、相手の気持ちに寄り添えるようになり、自分が困ったときにはきっと良い方向をむくことでしょう。マイナス思考に陥った時は、いっそとことん落ち込めばいい。これ以上落ち込めないところまで沈んだら、あとは上がるしかないんです。そんな自分も受け容れ、ゆるしてあげましょう。

どうか、自分の夢や希望を持ち続けてほしいと願います。そして、自分より後に続く子どもたちのために、どうか道を作ってあげてください。

今日も、グリーンエコー笠形では子どもたちの声が賑わっています。この子達が大人になった時のことをよく想像します。……ああ、やっぱり子どもは、苦手です。

Message

あなたへのメッセージ

ただがむしゃらに、
ただひたむきに、
自分に与えられた使命を
こなしていけば、
自然と自分の目指すべきものは
見えてくる。

吉田真知子さんへの
お問合わせはコチラ

小さな一歩から始めてみよう　―おわりに―

最後までお読みくださり、ありがとうございました。
挑戦し続ける20人の女性起業家の物語はいかがでしたでしょうか？

SNSなどではなかなか語られない泥臭いお話も鮮明に描かれていたと思います。「はじめに」でもお伝えしたように、泥臭い部分にこそ本質が隠れており、あなたにとって必要なエッセンスになります。

もしかしたら、今すぐに自分らしく生きることは、難しいかもしれません。でも、難しいからといって、ただただ時間が過ぎていくのを待っているのも、もったいないです。

著者の皆さんが書いていたように「人生は一度きり」です。

残念ながら、時間は待ってくれません。

だからこそ、小さな一歩でもいいので、今から行動してみてください。毎日10分、自分のやりたいこと、やりたくないことを書き出してみることから始めてもいいですし、本書の中の女性起業家にメッセージを送ってみることも小さな一歩です。
そういった小さな一歩の積み重ねが、あなたが思い描く理想のライフスタイルに近づけてくれます。

自分の心に正直に生きてみてください。周りの目なんか気にしなくても大丈夫です。
あなたの人生は誰のものでもなく、あなただけのものです。
最初は周りから色々言われてしんどいかもしれません。
でも、あなたなら必ず乗り越えることができます。
だから、自分を信じて一歩踏み出してみてください。

大丈夫。
あなたならできる。

Rashisa（ラシサ）出版編集部

挑戦し続ける20人の女性起業家が伝える
自分らしく生きるためのエッセンス

2023年12月26日　初版第1刷発行

著者：Rashisa出版（編）
入山アキ子／内堀三紀代／エリー妃沙子／大倉昌子／奥田直美／片平真優美／来田麻美
小寺惠子／斎藤真千子／佐藤ゆかり／佐藤有喜／じんたともよ／神野寿栄美／長瀬みく
西田宏美／三荻祥／翠乃絵里子／山﨑亜紀子／吉田絢子／吉田真知子

発行者　Greenman
編集・ライター　濱彩
ブックデザイン　二ノ宮匡

発行所：Rashisa出版（Team Power Creators株式会社内）
〒558-0013 大阪府大阪市住吉区我孫子東2-10-9-4F
TEL：03-5464-3516

発　売：株式会社メディアパル（共同出版者・流通責任者）
〒162-8710 東京都新宿区東五軒町6-24
TEL：03-5261-1171

印刷・製本所：株式会社堀内印刷所

ISBNコード：978-4-8021-3443-9
Cコード:C0034